講談社選書メチエ

661

享徳の乱

中世東国の「三十年戦争」

峰岸純夫

MÉTIER

享徳の乱◉目次

享徳の乱

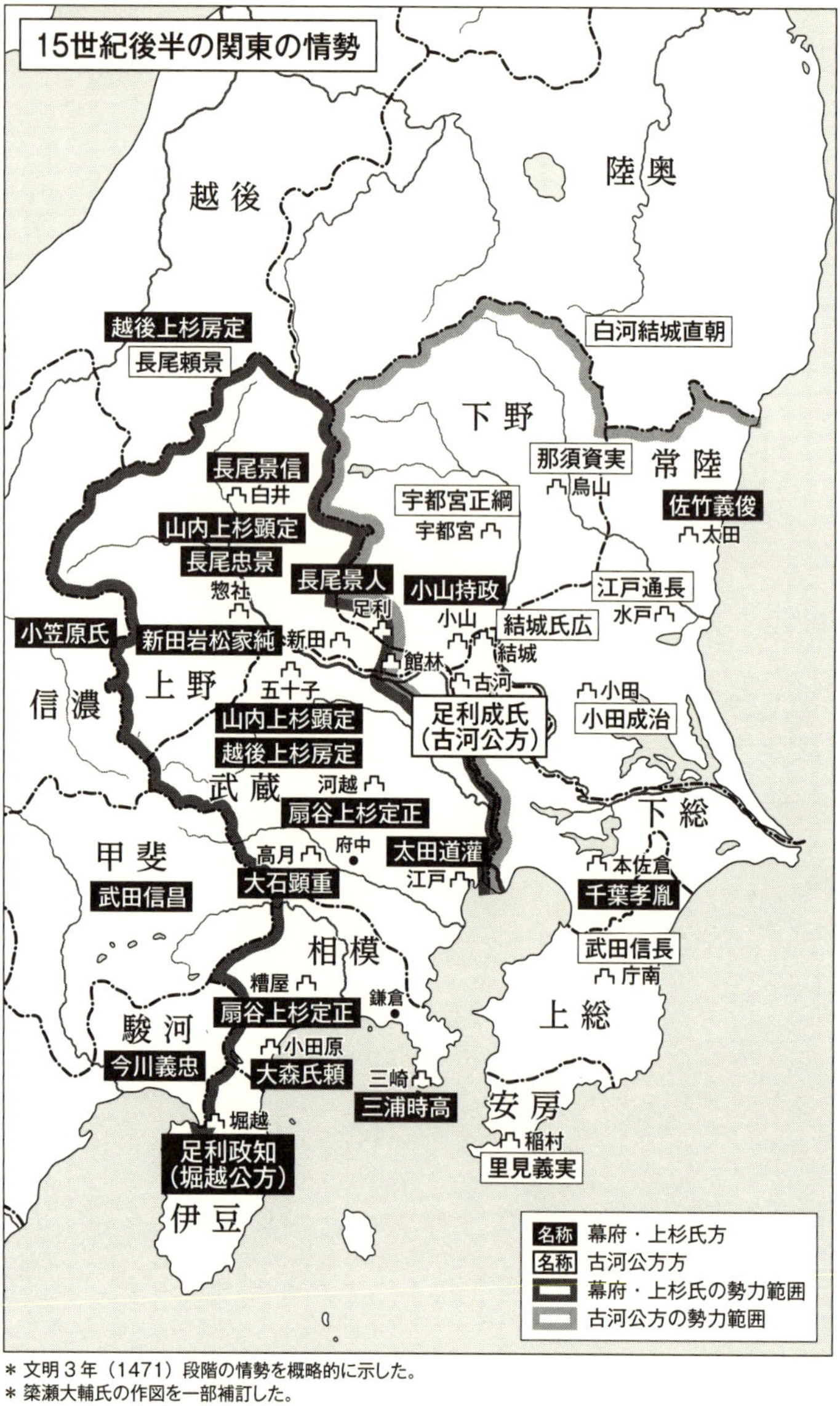

15世紀後半の関東の情勢

＊ 文明３年（1471）段階の情勢を概略的に示した。
＊ 簗瀬大輔氏の作図を一部補訂した。

はじめに　教科書に載ってはいるけれど……

「関東の大乱」

日本列島での戦国時代の開幕は、一般的には応仁《おうにん》元年（一四六七）に始まる「応仁・文明《ぶんめい》の乱」（単に「応仁の乱」ともいう）が画期とされることが多い。*

この戦乱で京は焼け野原となり、下剋上《げこくじょう》があたりまえの新しい時代が訪れたというわけである。

しかし、のっけから恐縮だが、その見かたはまちがっているとはいわないまでも、大きな問題があるとしなければならない。

私の説は、思いきって簡単にいうとこうなる。

◎戦国時代は応仁・文明の乱より十三年早く、関東から始まった
◎応仁・文明の乱は「関東の大乱」が波及して起きたものである

「関東の大乱」というのは享徳《きょうとく》三年（一四五四）十二月、鎌倉《かまくら》（古河《こが》）公方《くぼう》の足利成氏《あしかがしげうじ》が補佐役である関東管領《かんとうかんれい》の上杉憲忠《うえすぎのりただ》を自邸に招いて誅殺《ちゅうさつ》した事件を発端として内乱が発生し、以後三十年近くにわたって東国が混乱をきわめた事態を指す。

　この内乱は、単に関東における古河公方と上杉方の対立ではなく、その本質は上杉氏を支える京の幕府＝足利義政《よしまさ》政権が古河公方打倒に乗り出した「東西戦争」である。しかし、これほどの大乱なのに一九六〇年代初頭までまともな名称が与えられておらず、「十五世紀後半の関東の内乱」などと呼ばれていた。

　成氏は幕府方と交戦する二十八年間に、享徳以降、康正《こうしょう》→長禄《ちょうろく》→寛正《かんしょう》→文正《ぶんしょう》→応仁→文明と、六度も改元されたにもかかわらず、中央政権への抵抗という意味で享徳年号を連続して使用しつづけた。おそらく幕府の側が、反乱政権たる古河公方にたいして改元の通達をしなかったので、足利成氏の側も毅然として朝廷・幕府側の相次ぐ改元を認めなかったのだと考えられる。

　享徳元号使用の史料は以下のとおりである。いずれも足利成氏の署判を有するものである（なお、古文書の種類について、願文《がんもん》とは神仏に願を立てるとき、あるいは仏事を修するときにその趣意を記したも

の、判物《はんもつ》は将軍や大名が書判《かきはん》（花押《かおう》）を据えて所領の宛行《あてがい》・安堵《あんど》などをおこなった下達文書である。注文《ちゅうもん》は支配する所領などの一覧を一つ書き形式で記したものをいう）。

享徳五年二月十日　足利成氏願文（「鷲宮《わしのみや》神社文書」）
六年四月三十日　円覚寺《えんがくじ》黄梅院《おうばいいん》所領注文（「黄梅院文書」）
十七年一月十六日　某（足利成氏）判物（「塙《はなわ》不二《ふじ》丸《まる》氏所蔵文書」）
十八年十一月十二日　高師久《こうのもろひさ》所領注文（「永井直哉氏所蔵文書」）
二十年七月二十二日　茂木《もてぎ》持知《もちとも》所領注文（「茂木文書」）
二十六年九月十日　報国寺《ほうこくじ》等所領注文（「報国寺文書」）
二十七年四月七日　安保《あぼ》氏泰《うじやす》所領注文（「安保文書」）

関東で起こったこの戦乱は、戦国時代の開幕として位置づけるべきではないか、そのためには新しい名称・用語が必要ではないか。こう考えた私は「享徳の乱」と称すべきことを提唱した。一九六三（昭和三十八）年のことである。この歴史用語は、その後しだいに学界で認められて、今日では高校の歴史教科書にも採用されるようになっている（一七ページ参照）。

ただ、そうなるまでには時間がかかったし、実際のところ研究者はともかく一般の多くの読者の

「常識」にまではなっていないようであることは、まことに歯がゆいかぎりである。本書は、中世日本における「享徳の乱」の重要性について知ってもらい、理解を深めていただくために書かれたものなのである。

＊最近でも、呉座勇一《ござゆういち》氏のベストセラー『応仁の乱』（中公新書、二〇一六年）のサブタイトルは「戦国時代を生んだ大乱」となっている。新書などのタイトルは概して出版社や編集者の意向をうけて決まることが多いから、やはりこれは最大公約数的な見かたといっていいのだろう。

巨人が優勝したとき

そういえばこんなこともあった。

一九八七年十月九日、金曜日。

ナゴヤ球場で二位の広島が中日に敗れたため、巨人の四年ぶりセントラル・リーグ優勝が決まった。しかし、この日は巨人の試合がなく、王貞治《おうさだはる》監督の胴上げは遠征先の広島市内の宿舎でおこなわれるという静かなものとなった。

このとき、テレビ番組でタレントのビートたけしがこう言ったという。

「関西が応仁の乱でたいへんだったとき、関東は平和だった」

それを見た友人が電話をかけてきて、

「たけしは享徳の乱を知らない。〝抗議〟したらどうか」と冗談まじりに煽ってきたが、私は捨て置いた。

それからもう三十年になる。

基本的な流れ

閑話休題。

享徳の乱の前後における主要な事件を列記して略年表とし、時期区分すると一四～一五ページのようになる（詳細な年表は巻末参照）。あまりなじみのない人名や地名が多いかとも思うが、まずはこの流れを、しっかり頭に置いていただきたい。


Ⅰ期は、鎌倉公方足利成氏と関東管領上杉氏（背後に幕府）という二大権力の分裂・相剋を基軸とし、さらに幕府が上杉方を直接支援・介入したことで状況がエスカレートし、幕府方＝上杉方と成氏方の対立となって展開する。

上杉憲忠殺害後、成氏方と幕府・上杉方が各地で激突をくりかえすなかで、成氏は鎌倉を離れて下総国古河に本拠を移し、幕府・上杉方は武蔵《むさし》国の利根川南岸の五十子《いかっこ》陣を本陣としてこれに対抗した。京都の足利義政・細川勝元《ほそかわかつもと》政権は、幕府方を支える権威＝「玉《ぎょく》」として、義政庶兄の天龍寺香厳《てんりゅうじこうげん》

年号	西暦	関東	京都	新田岩松氏
文明3	1471	児玉塚陣→足利成氏、一時古河城を退去		
文明4	1472	足利成氏、古河を回復		
文明5	1473	長尾景信没す	山名宗全没す 細川勝元没す 足利義尚、将軍となる	
II 期				
年号	西暦	関東	京都	新田岩松氏
文明8	1476	**長尾景春の反乱**		
文明9	1477	五十子陣が崩壊	**応仁・文明の乱終わる**	新田岩松家純、古河公方方に転ず
文明10	1478			太田道灌、金山城を訪問
文明12	1480	足利成氏と幕府軍が現地で和睦		
文明14	1482	**京都・関東の和議→享徳の乱終結。都鄙合体**		
その後				
年号	西暦	関東	京都	新田岩松氏
文明18	1486	扇谷上杉定正が太田道灌を誅殺		
長享元	1487	山内顕定と扇谷定正、両上杉の対立→長享の乱起こる		
延徳2	1490		足利義政没す	
延徳3	1491	足利政知没す		
明応2	1493	北条早雲の北伊豆進出	明応の政変→細川政元が将軍足利義材を追放	
明応3	1494			新田岩松家純没す
明応4	1495	北条早雲、小田原城を奪取		新田岩松家の実権が、重臣の横瀬氏に奪われる
明応6	1497	足利成氏没す		
明応7	1498	明応の大地震→北条早雲の南伊豆侵攻		
永正2	1505	扇谷上杉氏の河越（川越）城が落城		
永正4	1507	越後守護の上杉房能、守護代の長尾為景に殺さる	細川政元、暗殺さる→永正の錯乱	
永正7	1510	関東管領上杉顕定、長尾為景と戦って越後に敗死		
永正9	1512	古河公方足利政氏と高基、上杉顕実と憲房の対立		
永正11	1514	長尾景春没す		
永正16	1519	北条早雲没す		

■享徳の乱（応仁・文明の乱）略年表

前史				
年号	西暦	関東	京都	新田岩松氏
応永16	1409	足利持氏、鎌倉公方となる		
応永23	1416	上杉禅秀の乱		
応永24	1417	上杉禅秀、敗死		新田岩松満純、敗死→庶流の持国が家督相続 満純の子、家純は京へ
応永35	1428		足利義教、将軍となる	
永享3	1431	足利成氏生まれる		
永享10	1438	永享の乱→鎌倉府滅亡		
永享12	1440	結城合戦		
嘉吉元	1441		嘉吉の乱	
Ⅰ期				
年号	西暦	関東	京都	新田岩松氏
文安6 宝徳元	1449	**足利成氏、鎌倉公方となる→鎌倉府の再興**	**足利義政、将軍となる**	
宝徳2	1450	江の島合戦		
享徳3	1454	**関東管領上杉憲忠、足利成氏に誅殺さる→享徳の乱起こる**		持国、公方方につく
享徳4 康正元	1455	**足利成氏、鎌倉から拠点を下総古河に移す（古河公方）**	幕府、「上杉氏援助、足利成氏討滅」の方針を決定	
康正3 長禄元	1457	太田資長（道灌）、江戸城を築く 渋川義鏡、関東探題に	幕府、新たに将軍義政の庶兄、政知の関東派遣を決定	
長禄2	1458	足利政知、関東に下向（堀越公方）	幕府、上杉氏を援助し、関東に全面介入。越後・上野・武蔵の軍勢と京都派遣の武士などを武蔵五十子陣に総結集	新田岩松家純、関東に戻る 持国、幕府・上杉方に寝返る
長禄3	1459	武蔵五十子陣の形成	長禄・寛正の大飢饉（～1465）	
寛正2	1461		斯波義廉、家督を継ぐ	家純、持国父子を殺害
寛正4	1463	山内上杉氏の家宰 長尾景仲没す→景信が継ぐ		
文正元	1466	関東管領上杉房顕没す→養子の顕定が継ぐ		
応仁元	1467		**応仁・文明の乱が起こる**	
文明元	1469			家純、岩松氏を統一、金山城を築く

院主（禅僧）を還俗《げんぞく》させて新たな関東の公方（左馬頭《さまのかみ》）にして古河公方に対抗する方針を長禄元年（一四五七）七月ころに決定した。

義政の庶兄は政知《まさとも》と名乗り、関東に下ったが鎌倉に入ることはせず、伊豆の堀越《ほりごえ》（現・静岡県伊豆の国市、かつての韮山《にらやま》町）にとどまった。しかも、幕府・上杉方の力を結集した成氏方討伐計画が失敗したため、最後まで箱根を越えることができなかった。

こうした状況を見据えて、山名《やまな》宗全《そうぜん》（持豊《もちとよ》）らが将軍足利義政・管領細川勝元政権にたいして反旗をひるがえし、応仁・文明の乱が発生するのである。

Ⅱ期はむしろ幕府・上杉方の内訌《ないこう》が問題となる。主役は長尾《ながお》景春《かげはる》という武将であり、これに対峙する太田《おおた》道灌《どうかん》であろう。長尾氏の家宰（執事）職の継承をめぐり景春が謀反を起こし、幕府軍の五十子陣は崩壊し、関東の混乱は広がる。

やがて、応仁・文明の乱の終息を受けて、成氏と現地の上杉氏、成氏と幕府という二段階の和平で享徳の乱はようやく終わる。しかし、その後、山内・扇谷両上杉の抗争が再燃し（長享《ちょうきょう》の乱）、上杉氏体制の分裂はさらに深刻なものとなる。それに古河公方と長尾景春の動き、やがては小田原北条氏の進出が絡みあって、いよいよ本格的な戦国時代となるのである。

壬申の乱以来の日本歴史上の内乱（戦乱）を考えてみると、

◎読者のご参考までに、筆者も関与した実教出版の教科書『高校日本史B』第4章「中世社会の展開」の「7　内乱と一揆の世」から当該部分を掲げておく*。

享徳の乱

1440（永享12）年の結城合戦ののち，東国では足利持氏の遺児成氏が**鎌倉公方**に就任し，鎌倉府が再建された。しかし，成氏と関東管領上杉憲忠の両勢力が対立し，1454（享徳3）年に成氏が憲忠を暗殺したことで両勢力の戦闘が開始された。1455（康正元）年6月，上杉方支援のために派遣された幕府軍が鎌倉を制圧し，成氏は下総の古河に移り（**古河公方**），幕府の意向により上杉方は，将軍義政の弟*政知を関東の公方として，伊豆の堀越にむかえた（**堀越公方**）。これ以後東国では，小山氏・宇都宮氏・千葉氏などの豪族勢力とむすんだ成氏方に対して，上杉氏が対抗し，家臣の長尾氏・太田氏や武蔵・上野の中小国人層を**国人一揆**として組織した。両勢力は，ほぼ利根川を境に24年*にわたる内乱を続けた（**享徳の乱**）。このように，東国は畿内にさきがけて戦国動乱に突入した。

応仁・文明の乱

東国の内乱は京都に飛び火した。京都では**足利義政**の後継をめぐる将軍家の家督争いと，畠山氏や斯波氏などの一族の内部分裂が重なり，1467（応仁元）年，**細川勝元**と**山名持豊**（**宗全**）を頂点とする東軍と西軍の戦闘が京都を舞台にはじまった（**応仁・文明の乱**）。西国の守護大名は大軍を率いて京都へ上り，それぞれの軍に属してたたかった。合戦は11年に及び，京都は焼け野原となった。

その結果，公家や手工業者などには戦火をさけて地方に下る者も多く，地方文化の発達をもたらした。また，守護大名が中央で争っているあいだに，国元では守護代・国人らが国内の地侍などを家臣にして勢力を強め，独立の動きを示しはじめた。やがて内乱は地方にも波及して**下剋上**の風潮をうみだし，本格的な戦国動乱となっていった。

＊ルビや生没年、注は省略している。ゴチック体は教科書どおり。

＊本書では政知は義政の庶兄との説を採る。

＊ここでは享徳の乱の終結を現地での足利成氏・上杉顕定の和睦とみているため、24年としている。京都と関東の正式な和議まで含めれば28年となる。

①南北朝の内乱（五十七年間）
②享徳の乱（二十八年間）
③応仁・文明の乱（十一年間）
④アジア・太平洋戦争（八年間。盧溝橋事件から）
⑤治承・寿永の内乱（源平合戦。五年間）

の五つが長期戦乱である。戊辰戦争は一年半足らず、西南戦争にいたっては七ヵ月にすぎない。そうしたなかで享徳の乱は堂々の（？）第二位を占めているわけである。

むろん戦乱の意義は長さだけによるものではない（西南戦争は武士の世の終焉を当時の人、そして現代のわれわれに告げる）が、享徳の乱は長さからいっても、その内実からしても「戦国時代の開幕」として日本歴史上の画期と位置づけられる大きな内乱と考えられる。

狂言回し——新田岩松氏

さて、一般読者にとってなじみのないテーマである以上、叙述にはなんらかの工夫がいるだろう。そこで本書では、要所要所に狂言回し的存在として、上野《こうずけ》の豪族である新田《にった》岩松《いわまつ》氏に登場してもらうことにしよう（彼らの動きも年表に示した）。

新田岩松氏は、ちょっと変わった一族である。八幡太郎義家《はちまんたろうよしいえ》の子に義国《よしくに》という人物がいる。その子義重《よししげ》と義康《よしやす》はそれぞれ新田氏と足利氏の祖となった。そして新田義重の孫娘が足利義康の孫義純《よしずみ》に嫁して生まれたのが時兼《ときかね》である。つまり時兼は新田氏と足利氏双方の血を享けている。

だが、のちに足利義純は北条時政の娘（畠山重忠後家）を妻に迎え、時兼母子を義絶する。以後、時兼は母方の新田姓を称し、その子孫は本拠の岩松郷（現・群馬県太田《おおた》市）にちなんで岩松を名乗るようになった（なお、義純と時政の娘のあいだに生まれた泰国《やすくに》は室町幕府の管領家である畠山氏の祖となる）。

鎌倉幕府が滅び、南北朝の争乱のなかで新田本宗家（義貞《よしさだ》の筋）が没落すると、新田岩松氏が新田荘《にったのしょう》を支配するようになる。

享徳の乱が発生したときに新田荘を実効支配（当知行《とうちぎょう》）していたのは、新田岩松持国《もちくに》であった。新田荘とは、現在の群馬県太田市および桐生《きりゅう》市・伊勢崎《いせさき》市・みどり市の一部と埼玉県深谷《ふかや》市の一部にわたった荘園である。新田岩松氏は、嫡流家の満純《みつずみ》が応永《おうえい》二十四年（一四一七）の上杉禅秀《うえすぎぜんしゅう》（氏憲）の乱（第一章2節参照）で敗死し、庶流の持国が当主となっていた。満純の子の家純《いえずみ》は父を失い、幼少から諸国を流浪して成長することになる。

持国は享徳の乱の発生とともに古河公方方に参陣して西上野からの上杉方の攻撃を防衛するため、

佐貫《さぬき》荘（現・群馬県館林《たてばやし》市）の舞木氏や下野《しもつけ》の佐野氏とともに「三大将」と称されて戦った。乱の初期において、足利成氏とその配下の者の発給文書が持国らにあてて七十通も発給されており（「正木文書」）、その信頼の厚さがうかがわれる。

一方、家純は苦労の末に将軍足利義政に取り立てられ、享徳の乱が発生するや征討軍の一武将となって関東に下向し、五十子陣に幕府軍の旗を押し立てた。かくして両軍中に新田岩松氏が存在することになる（新田荘の支配権をもつ持国側を京兆《けいちょう》家、五十子陣の家純側を礼部《れいぶ》家と称する）。

堀越公方下向の長禄二年（一四五八）に、家純および家臣の横瀬《よこせ》氏などは将軍家の御内書《ごないしょ》を送るなどの政治工作を重ね、持国を上杉・幕府方に引き入れることに成功する。寝返った持国は羽継原《はねつぐはら》（現・群馬県館林市）の合戦で戦功をたてた。

しかし、当主はもともと自分であるべきだと考える家純は、寛正二年（一四六一）には古河公方へ内通したとの容疑で持国父子を殺害し、新田荘を支配下におさめる。四十四年ぶりの故郷への帰還であった。そして文明八年（一四七六）に長尾景春の反乱が起こり、翌年に五十子陣が崩壊するに及んで、家純は上杉・幕府方を見かぎって古河公方方に服属してしまう（以上、峰岸純夫『新田岩松氏』）。

まさに向背常ない、地方の一豪族の姿であるが、彼らの生き残りをかけた動きこそが、享徳の乱の本質であり、新しい時代＝「戦国」の世をつくりだすのである。

二つの新田岩松氏のその後

京兆家（持国）と礼部家（家純）の二つの新田岩松氏はその後にどうなったのであろうか。持国と子息三郎（諱《いみな》は不明）は幕府にたいする謀反を理由に、家純によって誅殺されているが、もうひとりの子の次郎成兼《しげかね》（宮内少輔・左京亮《さきょうのすけ》）はすでに新田を離れて足利成氏方に遁れていたと考えられる。そして現在の栃木県宇都宮市の西北部、田川の西岸の徳次郎《とくじら》の地を拠点として城郭を築いて活動していたらしい。徳次郎の地名自体は、新田岩松氏子孫の特定の人物の名が地名化したと考えられる。

やがて江戸時代に入り、この新田岩松氏は宇都宮藩主本多正純《ほんだまさずみ》の家臣として、姓を正木《まさき》と改めて家は存続する。その正木家出身の女性が江戸の医師吉田梅庵《よしだばいあん》の養母となった。持国にいたる新田岩松氏の家文書は彼女に伝承されていた。彼女はこの膨大な文書を新井白石《あらいはくせき》の仲介で幕府に寄進し、それらは「正木文書」というかたちで江戸城内の紅葉山文庫《もみじやまぶんこ》（現在の国立公文書館の前身）に保管された。

一方、家純の子孫は、明純《あきずみ》・尚純《ひさずみ》・昌純《まさずみ》・氏純《うじずみ》と金山城に拠って戦国の世を渡っていったが、その過程で家宰の横瀬氏（後に由良《ゆら》と改姓）の下剋上によって権力を奪い取られ、新田岩松氏は実権を持たない名目的な主君として存続した。江戸幕府が成立すると新田郡の下田島《しもたじま》（現・群馬県太田市）に百二十石の給地が与えられて交代寄合《こうたいよりあい》という、石高は低いが名誉ある地位に就いた。

一方、実質的な金山城主だった由良氏は、常陸牛久《ひたちうしく》（現・茨城県牛久市）に五千四百石余の所領が与えられて高家衆《こうけしゅう》に任ぜられた。これは、新田氏からの養子を迎えていたということで、徳川氏の一門という処遇を与えられたことによる。

家純から数えて十代目の慶純《よしずみ》は、本来は自分の家のほうが主君のはずなのに、なぜ家臣の由良氏のほうがより高い石高なのかに疑問をもった。彼は新田岩松家の歴史を調べはじめ、史料収集に奔走した。そして幕府の紅葉山文庫に収蔵されていた新田岩松氏の古文書や記録などを書写し、ついに写本「正木文書」を完成させた。

十二代目の徳純は、絵画に趣味をもち、多くの作品を手がけた。とりわけ猫絵《ねこえ》を得意とし、上野国の養蚕地帯では蚕室にこの絵を掲げることによってネズミの害が防げるという伝承を生ずるにいたる。需要が高まるにつれ、徳純は「猫絵の殿様」としてもてはやされた。

十三代目の俊純は折しも幕末の征討軍が江戸城に迫るときにあたり、新田官軍を組織して討幕に加わった。その功績により俊純は明治政府からのちに男爵の爵位を授けられ、第二次世界大戦の敗戦時にはその孫義美《よしとみ》がその地位にあった。

戦後、新田義美夫妻は鎌倉の邸宅に住んでいたが、新田の下田島の屋敷におもむくことも多かった。歴史学を志した若き日の私は、この二つのお屋敷に何度も伺い、「正木文書」などを拝見して書写し、「新田荘と新田氏」を論文にまとめあげた。ご夫妻のご恩は忘れえないものである。

このとき、写本の「正木文書」以外に原本「正木文書」の一部（土地台帳の部分）が新田家にある

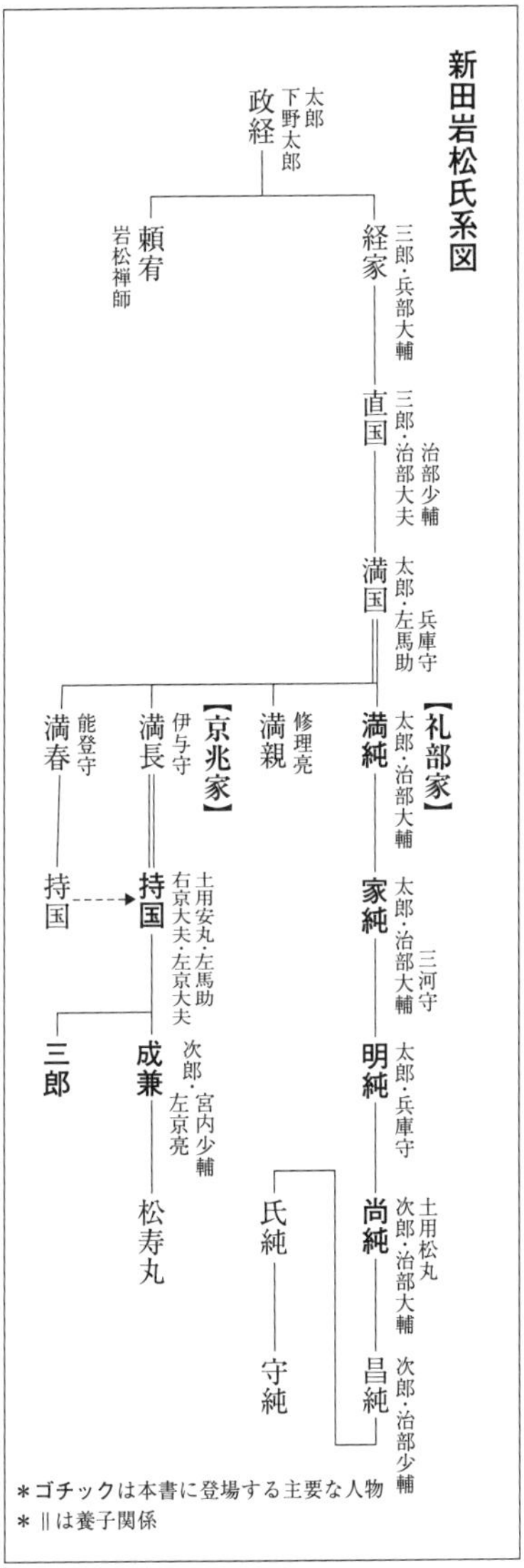

かつての旧新田家の屋敷
（群馬県太田市下田島町）

長楽寺（太田市世良田町）の新田岩松家累代の墓（昭和35年ころ）

ので驚いた。じつは幕府の紅葉山文庫にあるはずの原本は散佚《さんいつ》し、のちにその一部が新田家にもたらされたと考えられる。その他の部分の原本はいまだに行方知れずである。現在、新田家の「正木文書」は、群馬県立歴史博物館に寄託され、その他のさまざまな史料は、群馬大学図書館の所蔵となっている。

『松陰私語』とその他の史料

新田岩松氏とその周辺は、後世に史料を残してくれた。『松陰私語《しょういんしご》』という。

この記録の著者である松陰は、世良田《せらだ》（現・群馬県太田市）の長楽寺《ちょうらくじ》の塔頭《たっちゅう》関係の僧と考えられ（文中では成福寺ともいわれている）、永正六年（一五〇九）に卒したものと思われる。埼玉県本庄市東五十子の増国寺《ぞうこくじ》が牌所《はいしょ》（墓所）であり、『松陰私語』の原本もこの寺にあったものと推定される。

全五巻（三巻は本文欠、目録のみ）で、松陰自身と主君の新田岩松家純、その家臣の横瀬国繁《くにしげ》の三者の関係を理想化し、その後継者への訓戒とする目的で叙述した回想記である。記事の重複も多いが享徳の乱、長享の乱に関する同時代記録として貴重なものである。現在は『群馬県史』（資料編5　中世1、一九七八年）に収められている。また、筆者編集により『松陰私語』（「史料纂集」古記録編、八木書店、二〇一一年）として刊行されている。その解説では、松陰の生涯と享徳の乱を中心とした諸段階が本文の重複を整理してまとめてある（細谷昌弘氏執筆）。本文では引用末尾に（松）として示した。また読みやすさのため現代仮名遣いにあらため、適宜句読点などをおぎなっている（なお、他の史料も原則として同様である）。

他に欠かせないのが『鎌倉大草紙《かまくらおおぞうし》』である（『群書類従』第二十輯合戦部、一九二九年、中巻欠／『改定史籍集覧』臨川書店、一九八三年、上・中・下巻）。この記録は、南北朝期の『太平記《たいへいき》』の後篇として編纂された関東の軍記物語で、戦国時代に作成されたものと推定される。小山義政《おやまよしまさ》・若犬丸《わかいぬまる》の乱、上杉禅秀の乱、永享《えいきょう》の乱・結城《ゆうき》合戦（以上は第一章参照）、そして享徳の乱にかなりのスペースを割いて記述している。

『太田道灌状』（練馬郷土史研究会編『太田氏関係文書集』1、一九六一年）も重要である。この乱で幕府・上杉方として活躍した太田資長（道灌）が、文明十二年（一四八〇）十一月二十八日にみずからの戦功を書き上げて山内上杉顕定家臣の高瀬民部少輔に送った書状である。

書状には現状の問題点が指摘されると同時に、長尾景春の反乱にたいする対応などを中心に太田道《どう》真《しん》・道灌父子のこれまでの功績が詳細に述べられる。別名『道灌長状』ともいうように長文の内容であり、道灌が関与した合戦の様相が網羅されている。肥前島原松平文庫本と国学院大学図書館所蔵本などの写本が残されているが、両者を併記して右の『松陰私語』に参考資料として掲載している（熊谷博史氏執筆）。また、『太田氏関係文書集』にこれらの文書が収載されている。また、享徳の乱における太田氏の活動を示す文書・記録には、道真文書七点、道灌文書十一点が知られている。両者ともに円覚寺《えんがくじ》・光明寺《こうみょうじ》・鶴岡八幡宮《つるがおかはちまんぐう》などの鎌倉寺社関係のものが多い。

その他、古文書類では、この乱の過程で大量発給された将軍足利義政御内書や古河公方足利成氏御内書、また大量の新田岩松氏の「正木文書」をはじめとする各家文書などがある。それらは『鎌倉市史』(一九五八年)や『群馬県史』(一九七八年および一九八六年)、『神奈川県史』(一九七九年)、『古河市史』(一九八一年)、『埼玉県史』(一九八二)、などの自治体史の中世資料編に収載されている。

いささか前置きが長くなったようだ。それでは読者を十五世紀の関東にご案内しよう。

第一章 管領誅殺

足利氏の家紋「二つ引両（足利二つ引）」
＊足利氏は桐紋も用いる

1　「兄」の国、「弟」の国

東西二つの国

「中世の日本には西と東に二つの国家があった」というと驚かれる人が多いのではなかろうか。鎌倉時代に京都に公家政権の朝廷があり、東には武家政権の鎌倉幕府があったのはたしかにしても、南北朝・室町時代にはそこまでは言えないのではないかと考えるからであろう。しかし、中世日本を虚心に見れば、上位は朝廷、下位が幕府という分業の関係ではあっても、やはり「二つの国家」が存在したというべきであろう。と同時に、その実態はきわめて複雑であった。

鎌倉幕府は、関東・奥羽《おう》をその支配下におさめて朝廷とともに日本列島の支配を実現していた。しかし幕府支配下の地域にも京都方の所領はあり、同様に幕府に従属する武士たちの所領も全国に分散していた。

後醍醐《ごだいご》天皇の建武《けんむ》政権は天皇親政を志向していたとされる。実際に鎌倉にはみずからの子成良《なりよし》親王を下向させた（鎌倉将軍府）。それは鎌倉幕府時代の親王将軍とはちがう強力な支配体制の構想だったと思われるが、その補佐役には足利尊氏《あしかがたかうじ》の弟直義《ただよし》が命ぜられていた。そして統治については、

一、関東十ケ国成敗の事
一、所務相論ならびに年貢以下の沙汰、一向に成敗あるべき事
一、所領ならびに遺跡相論、異なる重事は、訴陳を執り整え注進為《な》すべき事
一、訴論人、或いは在京或いは在国の者、訴人の在所について沙汰有るべき事
已上《いじょう》、決断所に押さるるなり（「建武年間記」）

と規定している。すなわち所領をめぐる相論あるいは年貢をめぐる処分権などは、二・三項において一定の限定をつけながらも独立した権限を鎌倉将軍府に付与していた。これを見るかぎり、やはり鎌倉幕府をある程度継承した政治体制（地域政権）が成立していたとすべきであろう。

建武政権が打倒され、南北朝内乱のなかから足利氏の全国政権が成立する。しかし、その実態も京都・鎌倉による分割支配であった。尊氏・義詮《よしあきら》の父子は相次いで征夷大将軍（将軍）となり京都に幕府を形成、義満以降に続く。一方、鎌倉府には尊氏の弟直義、その死後には義詮の弟の基氏《もとうじ》が継承し、その子孫が鎌倉公方として関東十ヵ国と奥羽を支配下におさめた。つまりは二代にわたる兄弟による東西支配がおこなわれ、それ以後は端的にいえば「兄の国」「弟の国」が併存して日本列島を支配下におさめていたのである。鎌倉府は幕府から東国支配を委任された一個の巨大な政権として存在

足利氏系図

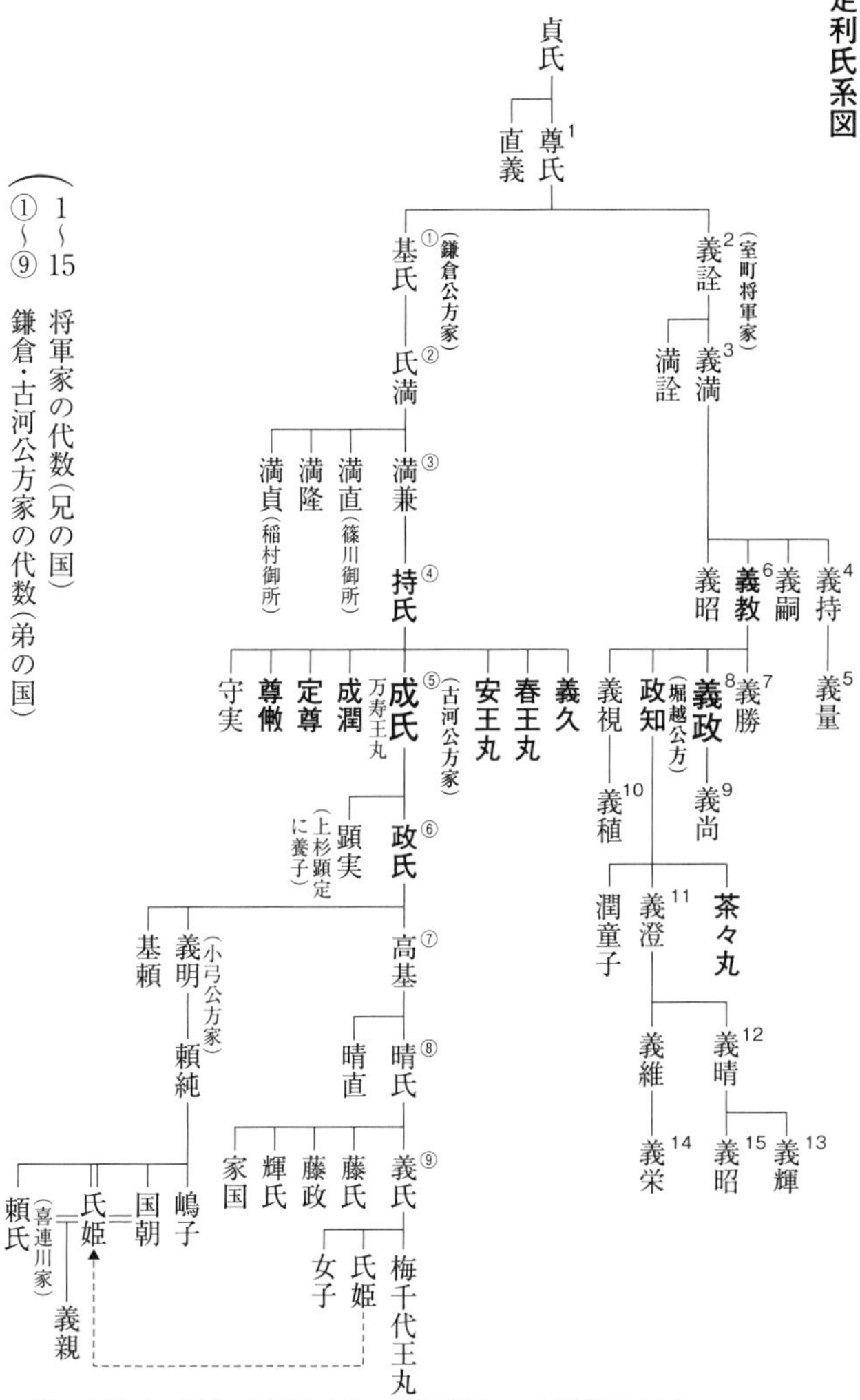

＊ゴチックは本書に登場する主要な人物。‖は養子関係，＝は夫婦関係を示す。

し、それは「鎌倉府体制」とも称されるべき求心的な政治体制であった。

鎌倉府の構成

鎌倉府体制はどのような構造をもっていたのであろうか。

鎌倉公方によって統轄される十ヵ国を「関東御分国」と称する。すなわち相模《さがみ》・武蔵《むさし》・上野《こうずけ》・下野《しもつけ》・常陸《ひたち》・上総《かずさ》・下総《しもうさ》・安房《あわ》のいわゆる関八州に甲斐《かい》・伊豆《いず》が加わったものである。関東御分国の大名・国人は上洛《じょうらく》ならぬ「上倉《じょうそう》」をして、鎌倉に勤仕《きんじ》する。

以下、鎌倉府の制度的側面を、二階堂某によって記された「享徳三甲戌歳月日」という奥書をもつ「殿中以下年中行事《でんちゅういかねんちゅうぎょうじ》」によって検討したい。この記録は、「成氏朝臣年中行事《しげうじあそん》」ないし「鎌倉年中行事」とも別称されていた。これによると、「京都・鎌倉の御両殿は、天子代官として諸侍忠否の浅深を糺し、御政務あるべき職にてましまます間、大樹《たいじゅ》と申すなり」とあり、京都の将軍と鎌倉公方はともに並び立つ「大樹」と号された。

鎌倉公方足利氏と「公方殿ノ御代官」である管領山内上杉氏《かんれいやまのうちうえすぎ》を頂点とする鎌倉府の構造を、この記録の内容をもとに図にすると三三ページのようになる。

関東の政治機構は領主階級を秩序づける身分制と、その身分に対応し歴史的規定性をもつ職制の織りなされたもので、その背後に「鎌倉殿」（鎌倉公方）と関東諸侍との主従関係が含まれている。そ

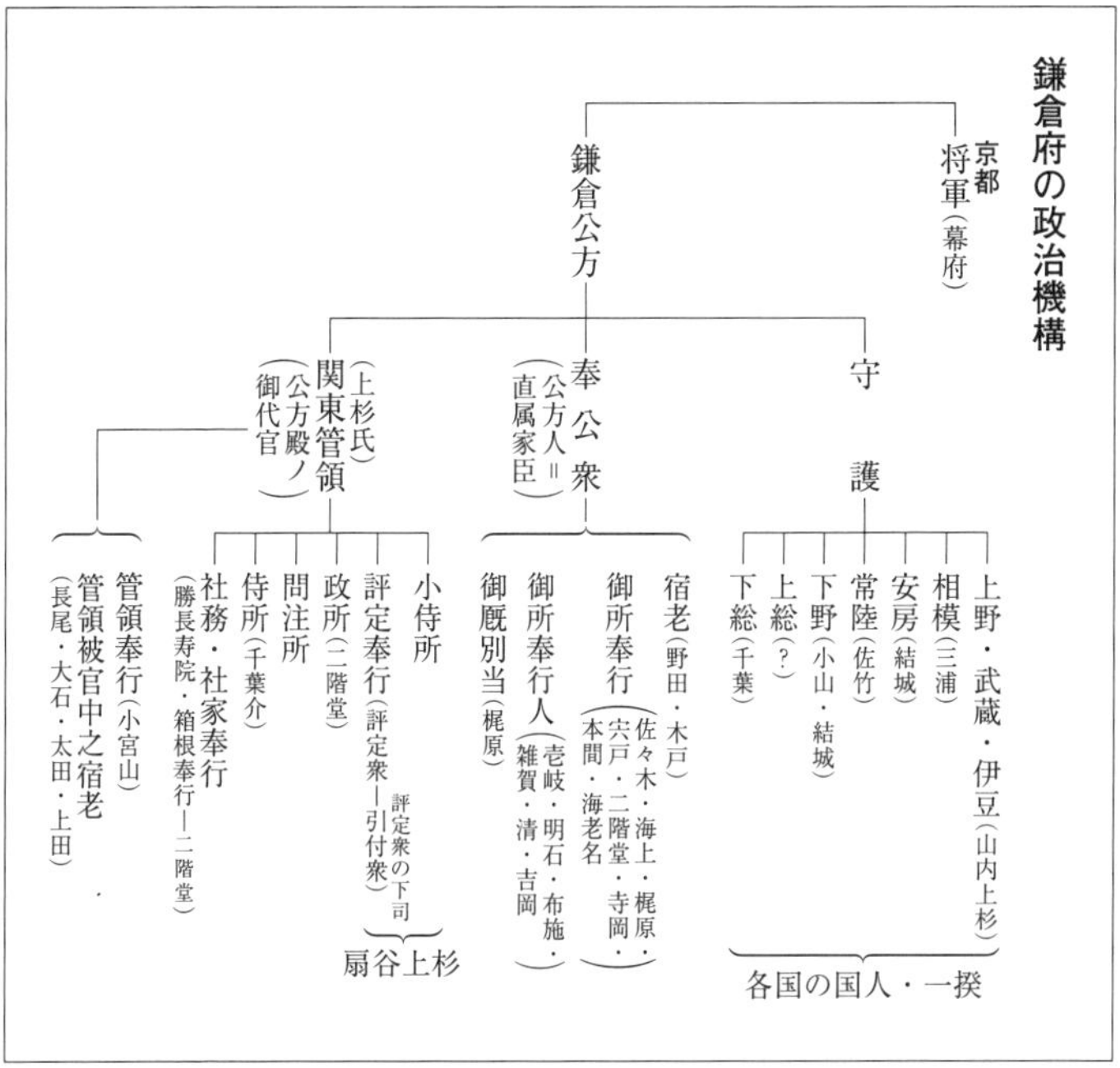

鎌倉公方屋敷跡
（神奈川県鎌倉市浄明寺）
鎌倉の市中において、足利成氏の西御門邸（後述）よりかなり東に位置する。

して東国の領主階級はこのようなかたちで組織化され、階級全体の結集と利害の調整がはかられ、全体として被支配者の百姓（住民）を統率し収奪する機構として存在したのである。

鎌倉公方の下の支配階級の身分階層についていえば、以下のような分類となる。

①関東管領（山内上杉氏）
②御一家《ごいっか》（吉良《きら》・渋川《しぶかわ》・一色氏《いっしき》ほか）
③外様《とざま》（小山《おやま》・結城《ゆうき》・小田《おだ》・宇都宮《うつのみや》・那須《なす》・佐竹《さたけ》・千葉《ちば》氏など）
④奉公衆《ほうこうしゅう》（公方直臣団《じきしん》）
⑤国人《こくじん》
⑥一揆《いっき》

大きく分けると①②③の大名と④⑤の国人（国人のうちから奉公衆が出される）、そしてそれ以下の中小武士層が一族的な集団を地域的に形成したものが⑥の一揆ということになる。「一揆」というと多くの読者は土一揆や百姓一揆を思い浮かべるかもしれないが、揆《やりかた》を一にするものは、武士であれ百姓であれ、みな一揆である。同じ武士身分でも、「国人、御座にて御対面《ごたいめん》、一揆は御縁にて御対面」「武州・相州の国人・一揆中、参上の人もあり、また言上《ごんじょう》仕《つかまつ》らる方もあるなり」と記されるように、国人と一揆の身分階層差は公方との対面の方式において「御座」（座敷内）と「御縁」（縁先）とに区別され、江戸幕府における直臣団の旗本《はたもと》と御家人《ごけにん》の差に類似している。

さらに身分・職制・人身的結合関係の表現として、正月中の御垸飯《ごおうばん》と、出仕《しゅつし》・御対面の儀があげられる。御垸飯とは公方を自邸に招いて食事を饗する儀礼で、沙汰人《さたにん》（実施者）は、管領・政所《まんどころ》、および各国守護がおこなった。鎌倉幕府においては執権北条《しっけんほうじょう》氏、政所大江《おおえ》氏、侍所和田《さむらいどころわだ》氏や有力守護の足利・千葉・三浦《みうら》・小山・宇都宮氏等が将軍を招いておこなった伝統を室町時代にも継承している。

応永《おうえい》三年（一三九六）十二月五日、第二代鎌倉公方の足利氏満《うじみつ》は下野の長沼淡路守《ながぬまあわじのかみ》にあて「明春正月三日　垸飯（所課注文これあり）事、例に任せ勤仕せしむべきの状くだんの如し」（「皆川文書」）と御教書《みぎょうしょ》を下している。この場合の長沼氏は下野守護ではないかと想定される。御垸飯は主として鎌倉公方と守護との関係を表現する儀式といってよい。

これに反して出仕・御対面は人身的な結合関係（主従関係）の表現であり、御一家・奉公衆・政所・小侍所《こさむらいどころ》・評定奉行《ひょうじょうぶぎょう》・侍所・外様・国人・一揆という順序は公方との関係の親近さを表現している。国人や一揆は奏者《そうじゃ》を通じての「言上」というかたちを取ることもある。

上杉氏の内情

ここで本書の一方の主役となる関東管領の上杉氏について触れておこう。

鎌倉時代後期の建長《けんちょう》四年（一二五二）に宮将軍として宗尊親王《むねたか》が鎌倉に下向したとき、その補佐として上杉重房《しげふさ》が従った。この上杉氏は、やがて足利氏と強力な主従関係を結び、関東では足利氏の有力家臣となった。

その後に上杉氏が山内《やまのうち》・扇谷《おうぎがやつ》・犬懸《いぬかけ》・詫間《たくま》など、屋敷を構えた鎌倉内の地名を称する一族に分かれていった。さらに山内上杉氏からは越後上杉氏が分出する。

各家に分かれた関東の上杉氏の家長のなかから、その能力に応じて関東管領が任ぜられたが、時代が下るにつれ上野・武蔵を中心に勢力を有する長尾《ながお》氏や大石《おおいし》氏を従えた山内上杉氏が、その地位を独占するようになった。また、上杉氏に従って鎌倉に下向した京侍たちもそのまま関東に移住し、各家の家宰となったと推定される。たとえば太田氏は扇谷上杉氏の家宰となり、また相模国守護代として勢力を築き、鶴岡八幡宮寺など鎌倉の寺社の所領支配に深く関与していた。

二重、三重の構造

これまで述べてきた人身的な結合関係（主従関係）はさらに二重、三重の構造をもつ。すなわち関東管領山内上杉氏は鎌倉公方の直臣であり、山内上杉氏はその下部に長尾氏や大石氏といった有力被《ひ》官《かん》を従え、長尾・大石氏もその下部の一揆とのあいだに被官関係を再構成させる。各国守護も管国の国人・一揆とのあいだに同様な関係を結ぶ。

上杉家系図

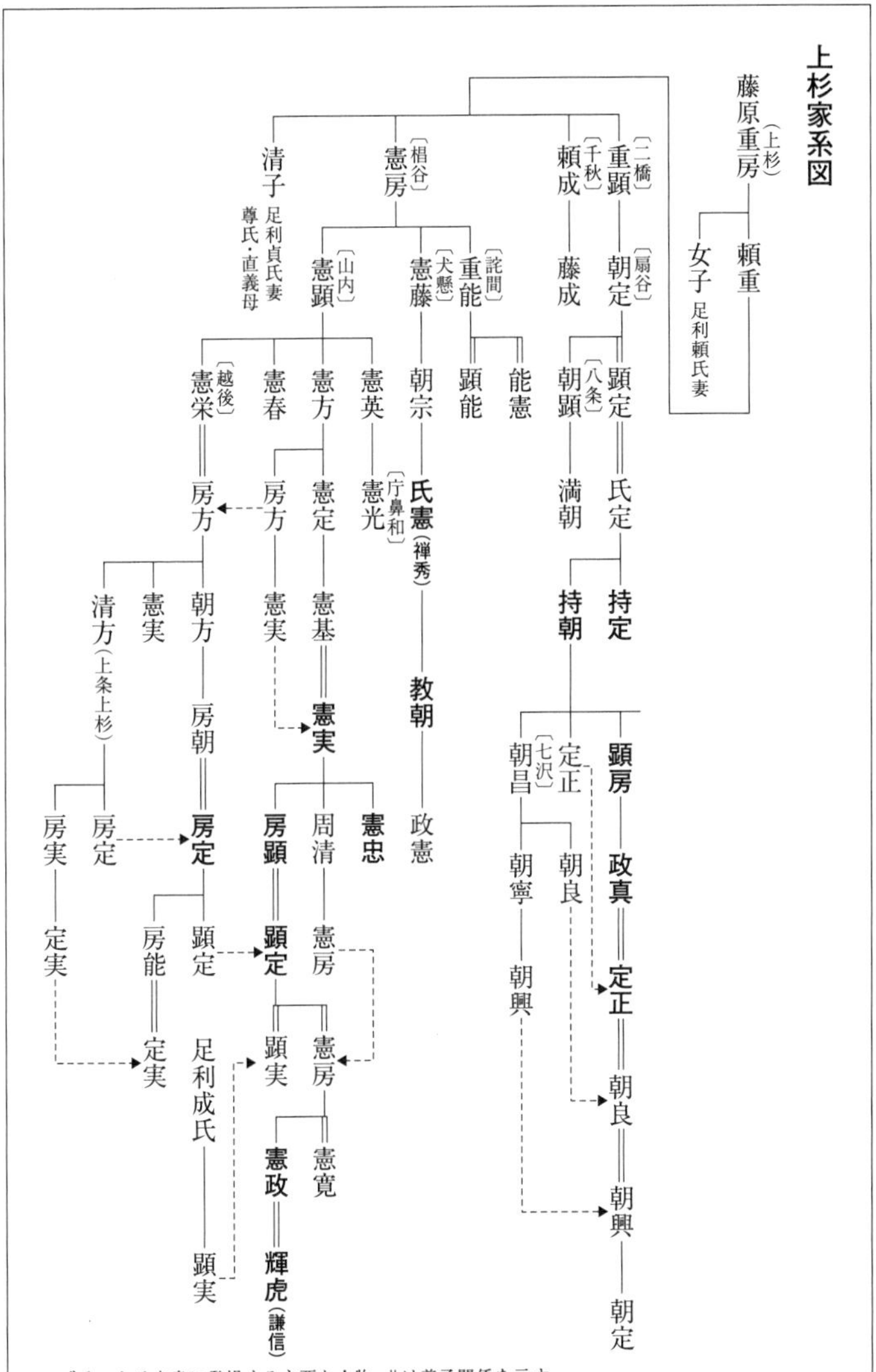

＊ゴチックは本書に登場する主要な人物。‖は養子関係を示す。

このようにして家風《かふう》・被官と呼ばれる人身的な結合関係は戦国大名以降の場合に比較してルーズな関係ではあるが、あらゆる身分階層間に多様な形態で存在した。またこれにからむ養子縁組・婚姻関係も無視できない。

東国の領主階級は以上のように身分・職制・人身的結合関係の三者がさまざまなかたちで結合し、あるいは分断され、しかも個々人のあいだでは多くの矛盾をはらみつつも鎌倉公方・関東管領という二つの統率的な専制権力を頂点としてひとつの政治体制に結集する。そして全体として支配階級を構成するが、身分的には下級の国人・一揆が直接生産者（百姓）と支配下の村落において階級関係の接点に立たされる。

上層部においては、公方方（御所方）には御一門・奉公衆および守護が属している（ただし守護のうち上杉氏と関係が深かったり、中立的であったりした佐竹氏と三浦氏は除く）。一方、上杉方には山内・扇谷などの上杉一族と管領被官などが属する。この二大勢力の下で、国人・一揆はほぼ管国守護の帰趨《きすう》に影響されて行動する。

関東管領の上杉氏は、鎌倉公方の補佐役のトップであるが、その職務のなかに幕府との調整機能が含まれ、京都の意向をも踏まえて、鎌倉公方に進言することも任務としていた。そのため、鎌倉公方が将軍権力からのいっそうの独立をめざして専制化を進めるようになると、京都との調整役である関東管領の立場は微妙になってくる。

実際、次項以降で見るように、歴代の鎌倉公方には京都の危機に便乗して将軍に取って代わろうとする野心があり、それを諫《いさ》める関東管領を疎《うと》んずる傾向が強かった。その溝の深まりは上杉禅秀の乱で露呈し、永享の乱において鎌倉府の一時滅亡、その後の結城合戦の混乱という最悪の結果に帰結する。のちに鎌倉府が再興されても公方足利成氏の心底には、父持氏《もちうじ》や兄弟たちを殺害された恨みが積み重なっていたことだろう。それが成氏による上杉憲忠の誅殺という事件となり、享徳の乱の発生にいたるのである。

この十五世紀後半の内乱の過程で崩壊していくものとは、以上に述べた関東の支配機構（政治体制）、すなわち鎌倉府体制である。「殿中以下年中行事」の完成は、同書の奥書にしたがえば内乱勃発直前であり、まさに有職故実書が「体制が崩壊しようとする際の〝危機の産物〟」といわれる面を如実に物語っている。

東国における鎌倉時代以来の中世的秩序が崩れはじめ、領主階級の再編系列化のなかから地域的領主（戦国領主）が成立し、本格的な戦国段階に入るのであるが、それはもう少し先の話である。まずは成氏以前、歴代の鎌倉公方たちから見ることにしたい。

義満なにするものぞ

兄弟国家の幕府・鎌倉府の関係は、当初の義詮・基氏の間は、南北朝内乱の過程で共通の敵である南朝方との対決が主要な課題であったから、両者の対立は表面化していない。しかしこの内乱が収まって一応の平和が実現していく次の世代になると、両者の矛盾が顕在化して、対立の激化がそれぞれの体制内部の紛争とからんで起こっていく。

康暦《こうりゃく》元年（一三七九）、幕府支配下の美濃《みの》守護の土岐《とき》頼康《よりやす》が反乱を起こし、将軍足利義満《よしみつ》がその討伐に出陣した際、幕府に不満をもつ鎌倉公方の足利氏満は表向き幕府支援と称して上杉憲方《のりかた》を将として軍勢を集めて上洛を企てようとした。

氏満の意図は、幕府の混乱に乗じてあわよくば幕府打倒をはかり「義満なにするものぞ」と将軍に取って代わろうとするものであったという。この意図を察した関東管領上杉憲春《のりはる》（憲方の兄）は、必死でこれを抑止しようとしたが聞き入れられず、山内の自邸の持仏堂で抗議の自殺を遂げた。管領の諫死に驚いた氏満は、反省してこの出陣計画を中止した。

この事件の翌年、康暦二年（一三八〇）に関東では、小山義政・若犬丸の乱という大乱が起こる。発端は下野守護小山義政と下野のナンバー2ともいうべき宇都宮基綱《もとつな》との、所領境界をめぐる争いであった。両軍は茂原（現・栃木県宇都宮市）で衝突し、多くの死傷者が出たうえに、一方の旗頭である宇都宮基綱が討死した。鎌倉公方足利氏満はその経過を精査したうえで、単なる私闘として捨て置くわけにはいかず小山氏の罪科を追及した。その結果、小山氏は猛反発して、鎌倉公方にたいする軍事的蜂起となる。

三次にわたる鷲城《わし》・祇園城《ぎおん》（ともに現・栃木県小山市）などをめぐる激戦の末に小山義政は討死する。しかし、反乱はその息子若犬丸の長期かつ広範囲にわたる抵抗もあって十八年間続いた。しかし、追い詰められた若犬丸もやがて自殺し、二人の息子も捕えられて氏満の命で六浦《むつうら》（現・神奈川県横浜市金沢区）の海に沈められた。この結果、小山氏は完全に滅亡したが、下野の名家ということで、同祖の結城氏から泰朝《やすとも》が養子入りし、再興小山氏となった。この戦乱の間に氏満を支えたのは、山内上杉憲方・犬懸上杉朝宗《ともむね》・木戸《きど》法季《のりすえ》など麾下の武将たちであった。

都の公方、田舎の公方

応永六年（一三九九）、周防《すおう》・長門《ながと》・石見《いわみ》・豊前《ぶぜん》・和泉《いずみ》・紀伊《きい》の六ヵ国を領国とする西国守護の雄・大内義弘《おおうちよしひろ》による将軍義満への反乱（応永の乱）が起こった。このとき、大内氏を支援するために、氏満の子満兼《みつかね》は武蔵府中に出陣し上洛しようとした。これにたいして関東管領上杉憲定《のりさだ》は必死の諫言をおこなってこれを停止させた。

鎌倉公方には将軍権力を獲得しようとする意識がつねに潜在的にあった。それは将軍の地位を獲得した後は、みずからの子を鎌倉公方に据えて、東西一元的な権力の構築をめざそうとするものであった。いわば、「兄」の国、「弟」の国という関係を「親子の国」に編成しなおしたいということであろうか。

これにたいして関東管領上杉氏の重要な役割のひとつは、鎌倉公方のそのような衝動を抑止して幕府―鎌倉府関係を平和裡に共存させるよう調停することであった。そこには両者の立場の相違が明確に存在した。

なお、京都・鎌倉二人の公方を「都鄙《とひ》之公方」と表現する例が目につく。室町将軍が日本列島の中心の京都「都《みやこ》」の公方であるのにたいして、鎌倉公方は相対的に一段低い田舎「鄙《ひな》」の公方だということである。やはり「都」の公方へのあこがれが、次節で述べる足利持氏にかぎらず、歴代の鎌倉公方にあったと考えてよい。

2　永享の乱と鎌倉府の再興

足利持氏

応永二十三年（一四一六）十月より翌年正月にかけての三ヵ月間、鎌倉府内の私闘ともいうべき上杉禅秀の乱が起こった。

この乱は鎌倉府内部のさまざまな対立関係にもよるが、基本的には関東管領家の山内上杉氏と犬懸上杉氏の勢力争いである。

山内上杉憲定の跡を受けて管領となったのは犬懸上杉氏憲《うじのり》（禅秀）であった。その家臣越幡《おばた》氏の所領が、若き鎌倉公方足利持氏（満兼の子）に没収された。怒った禅秀が管領職を辞任したところ、後釜《あとがま》には対立関係にある山内上杉憲基《のりもと》が任命された。これを管領職から自分を追い落とすための陰謀、挑発と見た禅秀が反乱を起こしたのである。

禅秀の一族以外に、関東・奥羽・鎌倉の各地勢力や持氏の叔父足利満隆《みつたか》が味方となり、鎌倉は禅秀方に制圧された。持氏と憲基はそれぞれ駿河《するが》と越後に逃げる。

しかし、京の将軍足利義持《よしもち》が上杉憲基方の支援を決定し、その命を受けた駿河今川氏や越後上杉氏の関東進撃が始まると形勢はたちまち逆転する。追い詰められた禅秀や一族・家人の多くは、鎌倉雪の下の坊で自害を遂げた。その後も禅秀与党の甲斐の武田氏、上総の本一揆、上野の岩松満純、常陸の額田《ぬかだ》・小栗《おぐり》・山入《やまいり》佐竹《さたけ》氏などへの討伐がしばらくの間続いた。

足利持氏は、権勢欲が強く強引な性格の持主であった。諱の一字は将軍義持からもらったものであり、かつ義持のおかげで鎌倉にもどることができたのに、京にたいする反発はやまなかった。

折しも将軍家には義持・義量《よしかず》と続いた後の後継者がいなかった。このとき持氏は将軍職を望んだが果たせず、けっきょく幕府内での籤引きによって義持の弟で僧職にあった義円《ぎえん》が選ばれ、還俗《げんぞく》して将軍職に就いた。足利義教《よしのり》である。

この義教も持氏に勝るとも劣らぬ強引な性格であったから、その対立関係は深まり、間に入った関東管領上杉憲実《のりざね》は苦悩した。

永享《えいきょう》九年（一四三七）、信濃《しなの》で起こった内乱を鎮めるために長駆出陣を企図した持氏にたいして、憲実は鎌倉府管轄外への出兵は幕府の怒りを買うとして必死に諌めた。しかし持氏は聞き入れず、憲実は藤沢に退去した。最終的にこの持氏の計画は他の直臣の諌めで中止となったが、持氏・憲実の関係は「薄氷を踏むがごとく」という険悪な状況となった。

永享十年（一四三八）六月、持氏は嫡子賢王丸《けんおうまる》の元服に当たって将軍の諱の一字をもらって名前とする慣行を破って憲実から諌められた（本来なら「教氏《のりうじ》」とでもなるべきところ、賢王丸には「義久《よしひさ》」と名乗らせた）。

持氏は憲実が元服式に参加しなかったことを責めて、八月十六日、憲実征伐を決行する構えを見せる。これを知った憲実は自害しようとしたが、家臣に諌められて上野の白井城《しろい》（現・群馬県渋川市）に退去した。持氏は追撃のため武蔵府中の高安寺（現・東京都府中市）に出陣した。

事態を重く見た幕府は憲実救援のため駿河の今川範忠《いまがわのりただ》、甲斐の武田信重《たけだのぶしげ》、信濃の小笠原政康《おがさわらまさやす》に出陣を命じた。ここに永享の乱がはじまり、その後の合戦の末に鎌倉公方軍は敗れて、持氏は鎌倉の永安寺《えいあんじ》で自害した。子息義久も鎌倉の報国寺《ほうこくじ》で自刃した。

■足利持氏「血書願文」

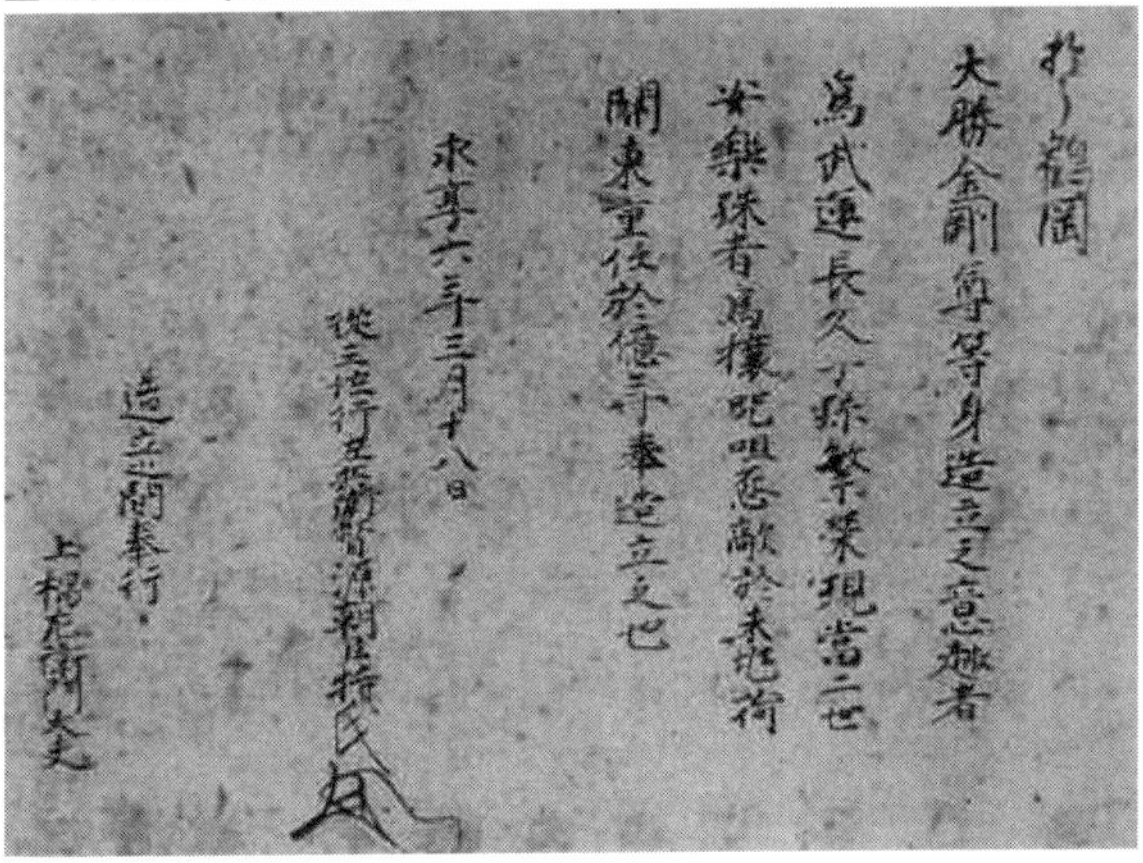

於于鶴岡
大勝金剛尊等身造立之意趣者
為武運長久子孫繁榮現當二世
安楽殊者為攘咒咀怨敵於未兆荷
関東重任於億年奉造立之也
永享六年三月十八日
従三位行左兵衛督源朝臣持氏（花押）
造立之間奉行
上椙《（杉）》左衛門大夫

鶴岡において
大勝金剛尊等身造
立の意趣は、武運
長久、子孫繁栄、
現当二世安楽のた
め、殊には咒咀の
怨敵を未兆に攘
い、関東の重任を
億年に荷なわんが
ため、これを造立
し奉る也

＊鎌倉公方足利持氏は、永享６年（1434）３月に、等身の大勝金剛尊を造立するにあたり、鶴岡八幡宮に願文を奉納した。文中の「咒咀怨敵」とは京都の将軍足利義教を指すといわれている。この願文は朱に持氏自身の血を混ぜて書いたものとされ、「血書願文」と称される。（鶴岡八幡宮蔵）

永享十二年（一四四〇）三月、持氏の遺児安王丸《やすおうまる》・春王丸《はるおうまる》は、持氏支持派の結城氏朝《うじとも》を中心に反幕府・反上杉派の多くの武将に迎えられ下総の結城城に立て籠もった（結城合戦）。幕府・上杉連合軍はこれを包囲して嘉吉《かきつ》元年（一四四一）四月十六日に落城させた。安王丸・春王丸は捕えられて美濃の垂井《たるい》（現・岐阜県不破郡垂井町）で処刑された。この合戦に不参加の万寿王丸《まんじゅおうまる》（後の成氏）は幼かったために命をながらえ、関東を離れて身を隠した。

しかし、この勝利から三月も経たぬ六月二十四日、播磨《はりま》・備前《びぜん》・美作《みまさか》三ヵ国の守護赤松満祐《あかまつみつすけ》によって将軍義教は殺害されてしまう（嘉吉の乱）。従前から義教にたいして含むところが多々あった満祐は、結城合戦勝利の祝宴と称してみずからの屋敷に将軍を招き、暗殺に及んだのである。将軍殺害後、播磨に逃走した満祐は幕府軍と戦って敗れ、自害した。このようにして持氏、義教という東西二人の相対立する強引な権力者は相次いでこの世を去り、新たな時代となる。

歴史は常に過去と折り重なって展開する。以上の十五世紀前半の戦乱のなかで、敗者となった者の子孫たちの心に戦乱の悲劇は深く刻まれ、十五世紀後半の享徳の乱に引き継がれることになる。

流れ流れて

さて、新田岩松氏である。

上杉禅秀の乱で当主満純は禅秀に与同して滅亡した。以後、満純弟の満長《みつなが》が家を継ぎ岩松氏を再建

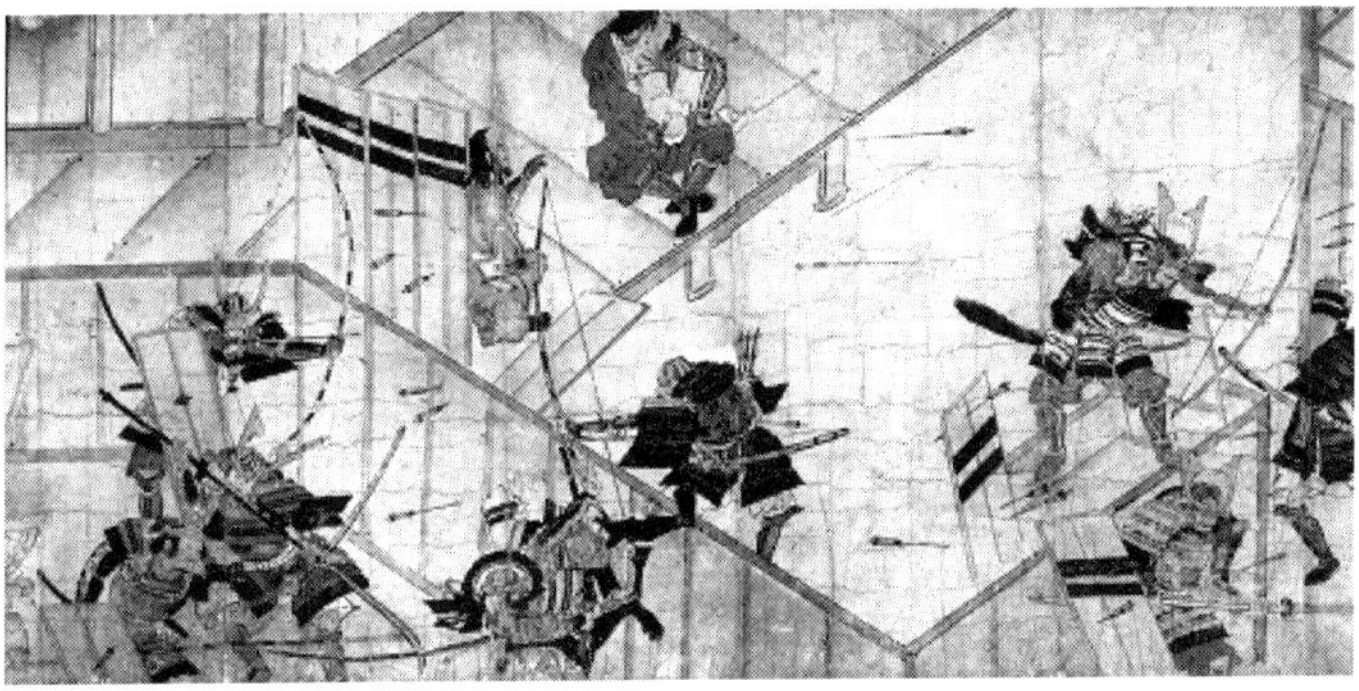

足利持氏の自害（『結城合戦絵詞』国立歴史民俗博物館蔵）
上の図は絵巻の末尾にある。これをめぐって研究者のあいだで、二つの説が存在した。

①中央の切腹する武士の装束には桐紋がある。ここから推して、この武将は足利持氏と判断され、場面は永享の乱の永安寺とみるべきである。
②紋は絵師のあやまりの可能性もある。この場面は結城合戦であり、切腹する人物は結城氏の武将（おそらくは結城氏朝）である。

国立歴史民俗博物館では修復にあたり研究チームを立ち上げ、エックス線調査ほかで精査した。その結果、紙継ぎのずれが判明し、場面の順序が誤っていることがわかった（これを「錯簡」という）。この場面は本来、絵巻の巻頭であり、①の説が正しい可能性が高いことが示されたのである。

し、その甥の持国《もちくに》（幼名、土用安丸）が満長の養子となって活躍することとなった。持国は永享の乱・結城合戦では当初は足利持氏方に属したが、やがて離反して上杉方となって新田荘を確保した。この持国の系統を持国が右京大夫であったことから、その唐名（中国流の表現）を用いて京兆《けいちょう》家と称している。

一方、満純の子、次郎は上杉禅秀の滅亡後に父が斬られたときには九歳であった。新田荘世良田の長楽寺へかくまわれ、十歳で甲斐の武田氏を頼った。その後は美濃の土岐氏のもとにしばらく逗留し、十八歳のときに仏門に入り僧の身となった。

ちょうどそのころ、永享の乱が起こって将軍義教が持氏討伐に派遣する人材を求めていた。土岐氏から四条上杉氏（禅秀の乱後も、犬懸上杉氏の一門は京都に勢力を有していた。これを四条上杉氏という）を介して幕府に紹介された青年は上京、還俗して幕府直属の家臣となり、将軍のもとで元服して岩松次郎長純《ながずみ》となる（後に家純と改名。以下、本書では家純とする）。将軍から太刀、小袖、三万匹（一匹は十文）の銭貨などが支給され、所領として近江《おうみ》の鳥羽上・貞友（現・滋賀県長浜市）が与えられた。家臣に近江の広瀬一党が付けられた。この広瀬氏はのちに新田荘田島郷（現・群馬県太田市）に土着し、その子孫は現在も屋敷を構えて存続している。

家純は、永享の乱・結城合戦に参陣してその終了後は京都に帰った。ふたたび関東の内乱（享徳の乱）が起こったときには、幕府軍の将として将軍旗を奉じてまたもや関東に下り、武蔵五十子陣に駐留して活躍した。この五十子陣では、陣所の近くで利根川南岸にある新田荘横瀬郷の領主横瀬国繁が岩松氏の傘下に加わり、その後に家宰として大活躍することになる（松）。

遺児擁立

永享の乱、結城合戦、嘉吉の乱と続く混乱のなかで、持氏、義教と東西の武家の長が相次いで横死、義教の跡を継いで七代将軍となった息子の義勝《よしかつ》も一年足らずで没した。鎌倉公方・将軍ともに空位の時期が何年にもわたって続く。

きわめて専制的であり「万人恐怖」とまでいわれた義教が生きていたら、鎌倉府はどうなっていただろうか。それは想像するしかないが、実際には鎌倉公方再興の議が幕府内に起こる。文安《ぶんあん》六年（宝《ほう》徳《とく》元年／一四四九）一月、越後守護上杉房定《ふささだ》などの推薦で、足利持氏の遺児万寿王丸が鎌倉公方になることが決まった。

万寿王丸は永享三年（一四三一）に生まれた（一説には永享十年／一四三八生まれ）。数えで九つのとき、父持氏と兄義久は将軍義教と対立して自害し、その二年後には兄の安王丸、春王丸を擁した結城氏朝らも結城城を攻め落とされて滅亡した。この間に万寿王丸は母方である信濃国の大井《おおい》持光《もちみつ》のもとに預けられて育った。

万寿王丸は文安六年四月の足利義成《よししげ》（義教の子、義勝の弟）の八代将軍就任を待ち、七月に鎌倉西御門邸《にしみかど》に迎えられて元服して足利成氏《しげうじ》となった。成氏の「成」は新将軍義成の諱の一字が与えられたもので、官職は左馬頭である（なお、義成はのちに改名して義政《よしまさ》となる。以下、本書では義政）。

このような経緯で、西の足利義政、東の足利成氏というかたちで、新たな将軍と鎌倉公方の時代が到来した。この間に、永享の乱の過程で幕府支援のもとで将軍足利持氏を攻め滅ぼす役割を担わされた関東管領上杉憲実は引退し、子息の憲忠《のりただ》がその跡を継承して、東国は成氏・憲忠の新たな政治体制となった。しかし、両者の間には最初から波風が立っていた。「父持氏殺害に加担した上杉憲実の子である」、この一点で、成氏は憲忠を感情的に許せなかったものと思われる。

被官の増長

成氏による復活後の鎌倉府の課題はあまりにも多かった。

永享の乱以後の公方と管領とのあいだには、わだかまりが存在した。そこに永享の乱・結城合戦における勝者・敗者それぞれの側に立った要望が複雑に絡みあっていた。すなわち、上杉氏サイドでの守護被官長尾氏や太田氏、これに従う上州・武州一揆などが乱の勝利によって所領を獲得して勢力をほしいままにすることを抑制する必要があった。また敗者とされてきた公方サイドからは、没収された所領や権益の復活要求などの問題が浮上してきたのである。

この間の事情を、十五世紀の関東の戦乱を記した『鎌倉大草紙《かまくらおおぞうし》』は次のように記している。

> 太田、長尾は上杉を仰ぎ憲実《（上杉）》の掟の時のごとくに関東を治めんとす、此両人その頃東国不双の案者なり、又成氏の出頭の人々、簗田・里見・結城・小山・小田・宇都宮、そのほか千葉新助（中略）成氏の味方と成て色々上杉を妨げ、権威を振るいける間、両雄は必あらそうならいなれば、太田・長尾と其間不和に成。

まさに一触即発の情勢である。

十五世紀の折り返し点の宝徳二年（一四五〇）四月、上野・武蔵国人一揆衆が、関東管領上杉憲忠の家宰長尾景仲や扇谷上杉持朝《もちとも》の家臣太田資清《すけきよ》（道真）らに組織されて足利成氏に軍事的な圧力をかけた。新たな鎌倉公方が敗者の側に復活の処置（所領給付）などをおこなうことにたいする不満が背景にあった。

成氏は四月二十日にいったん江の島（現・神奈川県藤沢市）に逃れる。そして千葉・結城・小山氏などの将兵を集めて体制を整えて上杉派と戦うことにした。

翌二十一日、成氏軍と長尾・太田連合軍は腰越《こしごえ》と由比ヶ浜（ともに現・神奈川県鎌倉市）で戦いを交え、連合軍は敗退して扇谷上杉持朝の守護所である相模国糟屋《かすや》（現・神奈川県伊勢原市）に籠もって成氏軍と対峙した。この一連の騒動を「江の島合戦」と称する。

隠退していた前管領の上杉憲実は、事態が破局へと向かいつつあることを憂えて、弟の僧道悦を駿河から招いて両者の調停にあたらせ、和平を望む幕府も幕府管領畠山持国《はたけやまもちくに》を仲介役として和平を実現する姿勢を示した。和平条件のなかには上杉憲忠の出仕と一揆衆の成氏にたいする忠節を尽くすことなどが示されていた。

同じく成氏も、この紛争を京都に注進した。そして上杉憲実の復帰を要請しつつ京都への忠誠を誓い、管領畠山氏などの仲介で和解にもちこもうとする。しかし、太田・長尾氏らを弾劾《だんがい》することは忘れず、さらに「関東諸侍ならびに武州・上州一揆輩中へ、忠節を致すべき旨御教書をなされ候わば尤も然るべく存じ候」(『鎌倉大草紙』)と、幕府の権威を借りて関東諸侍、とくに太田・長尾と密接につながる武州・上州一揆を帰伏させようと努力しているのである。

一方、長尾・太田氏らは在地勢力(一揆)の中核となって、鎌倉府体制に揺さぶりをかけた。

分国の一揆被官人等を召し集めなお以って嗷訴《ごうそ》すといえども御許宥なし、近年は寺社旧附の庄園をおさえて家人どもに恩補せしめ、さる程に国々所々より訟止む事なく騒動・忩劇《そうげき》、関東の大乱と見えければ、(中略)扇谷入道道朝・長尾左衛門入道昌賢ひそかに上州に下り一味の族を催し種々の計略を廻しける。(『鎌倉大草紙』)

早くも若年の管領上杉憲忠の統制の枠をはみ出して、被官クラスがみずから主役となって江の島合戦での所領没収者を組織化しているのである。

すでに公方直臣団や伝統的豪族層は、永享の乱・結城合戦で痛めつけられていた。長尾・太田氏の指導権下の上杉氏体制の脅威はさらに高まってくる。ここまでくると、彼らは公方足利成氏のもとに必然的に結集することとなる。その主なメンバーは結城・武田・里見《さとみ》・印東《いんどう》などの諸氏である。

もはや衝突は必至であった。

3　享徳三年十二月二十七日

騙《だま》し討ち

享徳三年（一四五四）十二月二十七日、公方足利成氏は管領上杉憲忠を自邸に招いて誅殺した。成氏は、次いで鎌倉山内の上杉邸を夜陰にまぎれて襲撃させ、上杉方を敗走させている。

この経過については、朝廷の官人中原康富《なかはらのやすとみ》の日記『康富記《やすとみき》』四巻（『増補史料大成』40）の次の記事がもっとも正確である。

［享徳四年正月六日］
晴、或語らいに曰く、昨日関東飛脚到来す、鎌倉殿（足利成氏）成氏持氏御子、去年十二月廿七日、管領上杉右京亮（上杉憲忠）房州入道子鎌倉殿御所に召し出され、誅伐《ちゅうばつ》せらると云々、是れ故鎌倉殿（足利持氏）御生涯の事と併せて、父房州（上杉憲実）の申し沙汰の御憤か、これによって御所方と上杉手合戦有りと云々。

康富は朝廷で伝え聞いた事柄にたいして「管領上杉憲忠が公方足利成氏の御所（鎌倉西御門邸）に召し出されて誅殺された。これは、故足利持氏が憲忠の父憲実の「申沙汰」（提起）によって殺害されたことへの成氏の怒り（報復）であろうか。これによって御所方（成氏方）と上杉方の合戦になった」というのである。

ところが、享徳の乱を活写した、後の軍記物語の『鎌倉大草紙』は、鎌倉公方方の面々が集まり、上杉憲忠退治を進言し、結城・武田・印東ら三百騎を集めて享徳三年十二月二十七日夜に鎌倉西御門邸に押し寄せて、憲忠を攻め殺した、とある。すなわち、西御門邸を上杉邸と誤認している。

これらの記事などを総合して、東京大学史料編纂所による『史料綜覧』（巻八）は、「足利成氏、兵ヲ遣シテ、上杉憲忠ヲ鎌倉西御門ノ邸ニ襲ヒ、之ヲ殺ス」

という構文を立て、引用史料を列記している。

この誤りによって、そのまま「成氏が上杉氏の西御門邸を襲撃してこれを殺害した」と記す論者もある。

しかし、事実は『康富記』の記述のごとく、成氏が自邸（西御門邸）に憲忠を招いて誅殺したのである。山内の上杉邸の襲撃はその後のことである。

新田岩松持国の動き

このとき、新田岩松持国は成氏方について上杉邸襲撃の合戦に参加し、負傷した。このため二十九日に成氏から感状を取得している（「正木文書」）。

年が明けて翌享徳四年（一四五五）正月五日、上杉方を追っての出陣に際し、成氏は烏森《からすもり》稲荷神社（現・東京都港区新橋）に願文を送り、この度の出陣の目的が達せられた暁には社殿の修造をおこなうと記し（「烏森神社文書」）、その後に各地の武士にあてて軍勢の動員をおこなっている（「豊島宮城文書」「秋田藩採集文書」）。そして、上杉方を制圧するために武蔵府中におもむき、高安寺に本陣を構えている。六日には、相模の島河原（現・神奈川県平塚市）で成氏方の一色氏・武田氏が扇谷上杉持朝と合戦をおこなっている。

また、持国にたいしては、新田荘内にある幕府官僚の大館上総介《おおだちかずさのすけ》知行分（大館郷など）を持国が占拠したとの情報があるが、それはよろしくないので、もし敵方が立て籠もっていたならばその実否を確かめて後に上意を得て処置するように指示している（「正木文書」）。これは、上杉憲忠は誅伐しても京都の幕府を敵にまわしたくないという、この段階での成氏の配慮によるものと思われる（第三章2節も参照）。

分倍河原合戦

やがて、両軍が武蔵分倍河原《ぶばいがわら》で激突する。分倍河原は府中の西に位置する町場（分倍）の南、多摩川流域の北側に位置する広大な低地である。このなかを鎌倉街道が走っており、交通の要衝でもある。ここではかつて新田義貞《にったよしさだ》の鎌倉攻めのときにも合戦がおこなわれたことがあるので、それにたいして「第二次分倍河原合戦」と称して区別している。

この合戦は、『鎌倉大草紙』に次のように記録されている。

正月二十一日、上杉方が上野方面から二千余騎の軍勢を結集して分倍河原に攻め寄せてきたので、これを府中高安寺から成氏方が五百余騎で迎え撃ち激戦となった。上杉方の先鋒大将犬懸上杉憲顕《のりあき》が討死した。成氏方はいちおう勝利したが、武将の石堂・一色氏や百五十人の兵が討死し、その夜は分倍河原に陣を取った。翌日そこへふたたび上杉方が新手の兵五百余騎で押し寄せたが、先陣の羽継・大石以下の武将が討死して敗軍となった。成氏軍は勝ちに乗じて上杉陣に攻めこみ、里見氏・世良田

■足利成氏の書状

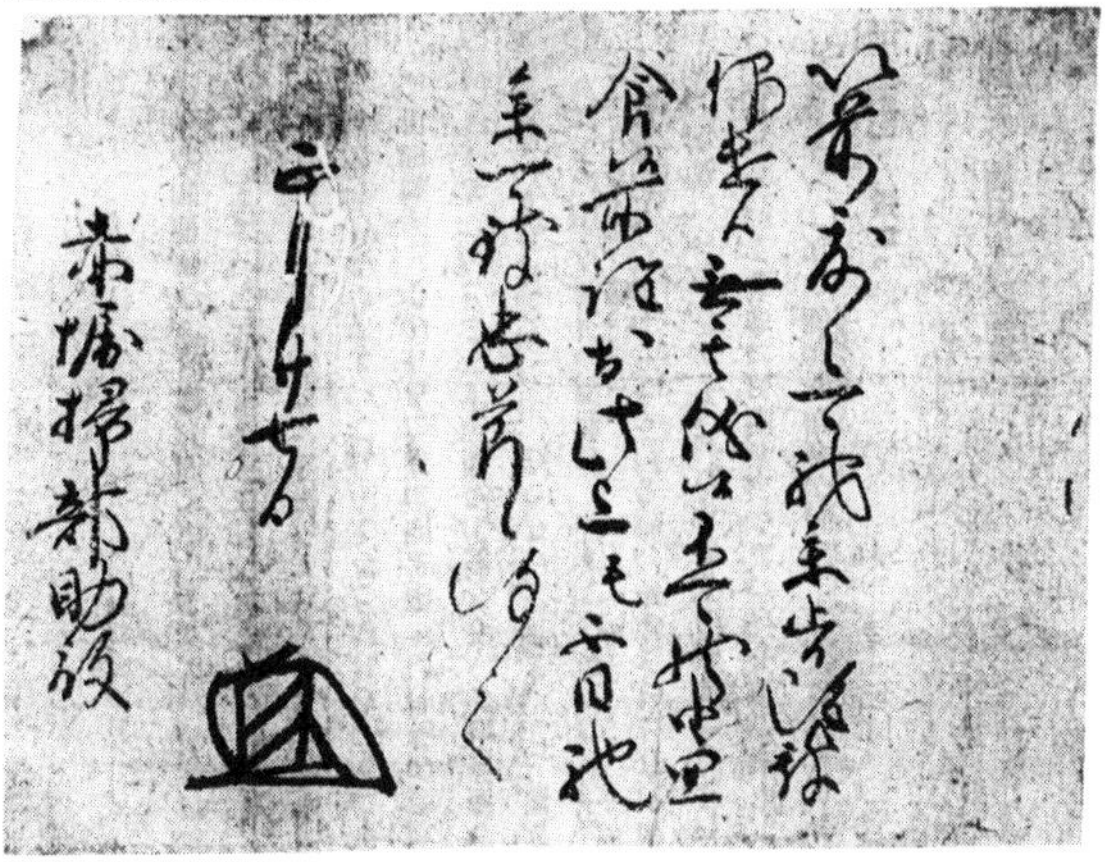

（切封・墨引）
以前度々可二馳参一旨、雖下被二
仰遣一候上、無二其儀一候、不レ可レ然由思
食候、所詮於二此上一毛不日馳
参可レ致二忠節一候、謹言、
正月廿七日　（花押）（足利成氏）
赤堀掃部助殿

以前度々馳せ参ずべき旨、仰せ遣わされ候と雖も、その儀なく候、しかるべからざる由思しめし候、所詮此の上においても、不日馳せ参じ忠節を致すべく候、謹言、

＊足利成氏の肖像画は、今日、存在しない。ここに成氏の戦陣参加要請の書状を掲げて彼の人柄を偲ぶこととする。（鷲尾政市氏所蔵、古河歴史博物館寄託）

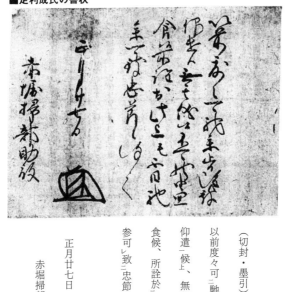

氏などが深入りして討死したがそれに屈せず、結城・小山・武田・村上氏らが入れ替わり攻め立てて勝利を手にした。その際に上杉方の部将の扇谷上杉顕房《あきふさ》が討死した。

この合戦で、扇谷上杉顕房とともに討死した上杉憲顕は、去る応永二十四年（一四一七）に、鎌倉公方足利持氏に滅ぼされた犬懸上杉禅秀（氏憲）の子息である。憲顕は父の滅亡後に、幕府の保護下に入り、奉公衆として活動していた。内乱発生後に関東に下向してこの合戦に参加したのである。憲顕は東京都日野市高幡不動《たかはたふどう》の境内の上杉堂にいまも祀られている。堂内には墓標とされる自然石とともに地蔵像が安置され、今日では水子（死産児）供養と百ヵ日法要の信仰を集めている。

各地での合戦、上州一揆の動向

上杉・長尾軍は、敗軍をまとめて退去し、やがて常陸の小栗城（現・茨城県筑西市）に立て籠もった。閏四月に小栗城攻撃に成氏軍が進発して下総の結城（現・茨城県結城市）に本陣を構え、小田・簗田・筑波・小山下野守などが攻め立ててようやく攻め落とした。

上杉方は上野方面に敗走したが、その後、下野の只木山《ただきやま》（現・栃木県足利市多田木）に軍勢の再結集をおこなったもののふたたび敗れて武蔵に逃れ、翌年の康正二年九月には岡部原（現・埼玉県深谷市）・太田荘（現・埼玉県東北部）・羽継原（現・群馬県館林市）などでも次々に合戦がおこなわれた。

これらの合戦は、いずれも公方方が勝利し、上杉方の敗色は濃厚であった。

年	月　日	赤　堀　時　綱　の　行　動
享徳４年 康正元年 (1455)	２月 17 日	善信濃入道・同三河守等の在所を焼き落とす。
	18 日	武蔵村岡御陣に馳参。
	３月３日	下総古河へ供奉。
	14 日	上州一揆逃亡すれど時綱は残る。
	６月 24 日	足利御陣供奉。
	７月９日	小山御陣供奉。
	10 月 15 日	宇都宮に敵出張、木村原合戦。
	17 日	下野小野寺に在陣。
	12 月 11 日	下野只木山の敵（長尾景仲ら）没落以後、薗田・足利所々在陣宿直警固。
康正２年 (1456)	１月７日	上野那波郡福島橋切落し警固。
	24 日	植木・赤石にて合戦。
	２月 26 日	上野深津合戦、長尾兵庫頭・沼田上野守方へ懸合、赤堀時綱・弥三郎兄弟討死。

この内乱の初期に成氏方に参加した上州一揆の赤堀時綱《あかぼりときつな》の行動は、上の表のようになる（「赤堀文書」赤堀氏軍忠状）。

これによって緒戦における公方足利成氏の行動がある程度知られる。

成氏の「御所方」は武蔵・下総・下野・東上野で上杉方を圧倒し（分倍河原合戦、天命只木山の攻撃など）、次いで今川氏の鎌倉占拠後は、下総古河を拠点に据えて政権の基礎を作った（次章１節参照）。

上杉氏守護領国体制の重要な基盤をなしていた上州一揆はこの圧倒的な進攻の前に一時「御所方」に参陣したが、のちに古河から大挙逃亡している。赤堀氏の場合は、東上野の豪族新田岩松氏（「御所方」）との関連で逃亡しなかったと考えられる。

三月十三日、成氏は新田岩松持国にあて「上州一揆の事、古河へ御供せらるべく候、然れば知行分等乱妨《らんぼう》・狼藉《ろうぜき》有るべからず」と指示したが、十四日には「上州一揆大略落ち行き候、言語道断次第候」と上州一揆の逃亡を怒り、四月四日には、その追伐を命ぜられた持国は東上野の那波《なわ》・小此木《おこのぎ》氏ら上州一揆の在所を撃砕している。激しい政治情勢の進展に上州一揆の分裂は必至であり、そのそれぞれが帰属の方向を決めかねているというのが実態であったと考えられ、成氏の奉行人野田持忠《のだもちただ》は「当国の一揆、少々不定の由承り候、彼人等当座の御調法候の間、然るべき様御計略尤もに候」と持国に申達している。「上州一揆のメンバーは、公方と管領の分裂のなかでどちらに帰属すべきかを迷っている。味方に引き入れる方策が必要」と説いているのである。

上部権力の分裂の波紋は、関東全域に拡大されて各所に分裂と混乱がひきおこされた。

自然災害と戦乱

ここで少し別の観点から、当時の日本を眺めてみたい。

近年とくに世界的規模で緊張感を増している自然災害には、旱魃《かんばつ》（高温・乾燥）、冷害（低温・湿潤）、虫害などの気象災害や地震・火山爆発などの地殻災害がある。現在では、それらの災害の原因が科学的に究明されて災害時の予防策などがいろいろ講じられている。しかし、それらの科学的研究が未発達の時代にあっては、その原因が人間の罪にたいする天（神仏）の罰と考えられ、たとえば大罪を犯した人を処分することによって天の怒りを鎮めようとした。

旧約聖書（レビ記）によれば、西欧古代において人間の罪業の身代わりに選んだ山羊に罪を着せて荒野に放つことがおこなわれ、これをスケープゴート（贖罪羊）と称したという。

さらに羊ならぬ特定の人間を攻撃の標的にして血祭りに上げることが洋の東西を問わず、おこなわれた。

私の少年時代に口ずさまれた軍歌にも、

〽天に代りて不義を討つ　忠勇無双のわが兵は
歓呼の声に送られて　今ぞ出で立つ父母の国
勝たずば生きて還《かえ》らじと　誓う心の勇ましさ

というものがあった（「日本陸軍」）。天の意を受けて中国（当時は「支那」といった）に出陣して、不義の蔣介石《しょうかいせき》の国民政府を攻撃・打倒することが、天の意向に沿う正義の発露と認識されていたものである。

このように戦争で相手を打倒しようとするとき、天の意志の実現という発想が、歴史を通じて存在しているのである。

話がいささか横道にそれたが、日本の前近代にも大災害が戦乱を誘発する、あるいはその原因になる場合がしばしばあった。天災が起こると不安定な政情のなかでその原因をつくったと（考えられる）個人や集団を特定して、それを攻撃することによって天の怒りを鎮めるとし、自己の行為を正当化することがあった。災害の原因は政敵であり、それを殺戮することが天の意向に沿った正義の行為と考える思想がたしかに存在し、これが「天罰」や「誅伐」「誅戮《ちゅうりく》」という言葉で表現されていた。

足利成氏による上杉憲忠誅殺の発想もこうした意識に基づくものと考えられる。

以上の理解のうえに立って、享徳の乱が発生する直前に起こった関東の大地震について記してみたい。

◎「王代記」（山梨県山梨市大井俣窪八幡宮蔵）

享徳三甲戌　十一月廿三日　夜半ニ天地震動、奥州ニ津波入リテ、山ノ奥百里入リテカヘリニ人多取ル、同十二月廿七日、鎌倉上杉右京佐官《(管)》領生害、結城・多賀谷兄弟討手也、

◎「赤城神社年代記」（群馬県前橋市三夜沢町赤城神社蔵）

享徳三甲戌　十一月廿三日夜、地震半時、十二月廿七日於鎌倉上杉右京亮憲忠卒、翌年正月廿三日武州府中合戦、三月三日成氏村岡御陣ニ移ル、古河・小栗攻メ、十一月廿四日大田小松合戦、

この二つの年代記にはほぼ同様な記述が見られ、その他「新撰和漢合図」や「大宮神社古記録抄」(千葉県千葉市大宮神社蔵)には、十一月二十三日夜の地震記録のみが記されている。また、「鎌倉大日記」や「南朝紀伝」には十二月十日に地震があったことを伝えている。

これらの記録類を総合的に判断すると、大地震は、十一月二十三日と十二月十日にあり、この直後の十二月二十七日に足利成氏による西御門邸における上杉憲忠誅殺事件が起こり、享徳の乱が発生したことになる。

この誅殺事件を必ずしも大地震の影響と即断することはできないが、その背景をなす一要素と見ることは許されよう。前代から引き継いだ持氏・成氏の父子二代にわたる上杉氏との対立関係と怨念、その復讐としての誅殺を合理化するものとして自然災害＝天譴《てんけん》とする思考法の存在を考えてよいと思う。

一方、後述する応仁・文明の乱の背景には、その直前の長禄・寛正の大飢饉の影響を考えてよいと思う。長禄三年(一四五九)から寛正六年(一四六五)にいたる七年間、畿内近国では夏の炎旱《えんかん》(日照り)・旱魃や寒冷・霖雨《りんう》、秋の集中豪雨による大洪水、病虫害の発生などで凶作が続き、飢饉の発生が「碧山日録《へきざんにちろく》」「蔭涼軒日録《いんりょうけんにちろく》」「大乗院寺社雑事記《だいじょういんじしゃぞうじき》」などの一級史料に細かく掲載され、有力寺社での止雨・祈雨などの祈禱や朝廷による改元の効果もなく、大量の流亡民や餓死者の発生となったことが知られる。その状況が各地の地域紛争の原因ともなり、大乱へのコースにつながったと考えられる。

このような社会状況は、それ以前から享徳の乱に関与し、鎌倉・古河公方足利成氏の討滅に全力を傾注しても成果の上がらない足利義政・細川勝元政権にたいする天の怒りという解釈を許し、山名宗全らの反乱に「天命による現政権誅伐」という意識をもたせ、ついに応仁・文明の乱に突入していったと考えられる。

東西二つの大乱は、ともにその背景に大きな自然災害の影響があったことが想定されるのである。

第二章　利根川を境に

上杉氏の家紋「竹に飛び雀」

1　幕府、成氏討滅を決定

幕府軍の形成

上杉憲忠殺害について、幕府へは足利成氏と上杉氏の双方から上書が提出され、それぞれの主張が表明されたと考えられる。

上杉方からの史料はないが、足利成氏が京都に送った書状は二通残されている。いずれも康正二年（一四五六）四月四日のもので、ひとつは朝廷内大臣三条実量《さんじょうさねかず》あて、もうひとつは幕府管領細川勝元あてのものである。

三条実量あての書状では、まず京都方が「進止《しんじ》」（支配権をもつ）の地は、一切干渉を加えていないとし、とりわけ足利荘は代官を下されて支配されるべきであるとする。また、鎌倉の勝長寿院《しょうちょうじゅいん》の門主であった成潤《せいじゅん》（成氏の弟）の陣館を日光山に移した問題点の釈明をしている。次いで、享徳の乱発生以来の軍事的動向を子細に報告し、「都鄙」（京・関東）の安泰のために、また「無為」（平和）の実現のために努力してほしいと訴えている。

また、細川勝元にたいしては、関東の動向について数箇度言上したけれども返事がないのでふたたび書状を送るとし、上杉憲忠が権勢を振るい、寺社領荘園を没収して、国一揆などに与え、功労の所領などを自分の家臣に与え、専横をきわめているので誅伐したと、事細かに述べて将軍への理解を求めている。

しかし、この二通の文書が京都に届いたときには、すでに幕府、将軍義政の態度は定まっていた。康正元年（一四五五）三月、事情はともあれ管領上杉憲忠を誅殺したことは許しがたい暴挙であるとし、「上杉氏援助、足利成氏討滅」の方針を決定していたのである。

幕府は、関東御分国に隣接する駿河守護の今川範忠《いまがわのりただ》、越後守護の上杉房定《ふささだ》に出陣を命じた。今川は東から箱根を越えて鎌倉を制圧し、上杉は上越国境を越えて上野を本拠とする山内上杉氏を支援する構えである。さらに幕府直属の軍団を大挙派遣し、そのなかには新田岩松家純もいた。

関東管領は成氏に誅殺された憲忠の後を弟の房顕《ふさあき》が継ぎ、その管領軍の中核を「家務職」（「家宰」ともいう）として担っていた長尾景仲が活躍する。のち寛正四年（一四六三）に景仲が没すると、子の景信《かげのぶ》が継いだ。

さらに幕府は、将軍義政の庶兄の政知を関東に下し、新たな公方として成氏への対抗を図る（後述）。このようにして、関東に起こった内乱は、鎌倉（のちに古河）の公方と京の将軍が東西対決する戦乱となったのである。

足利成氏、古河公方となる

今川範忠によって鎌倉は制圧されたこともあって、成氏は下総の西北端の古河（現・茨城県古河市）に本拠を移した。これ以降を関東公方、あるいは古河公方と称し、利根川の東北部を支配して関東を二分する。

もともと古河は下河辺荘《しもこうべ》古河郷といわれ、成氏の直臣野田右馬助持忠の領有する地であり、その導きで拠点に選ばれたと考えられる。渡良瀬川《わたらせがわ》・利根川とつながる水運と奥州に通ずる東山道の要衝でもあった。渡良瀬川と思川《おもいがわ》の合流点の南、川の東岸に位置する地に古河城が築かれていた。

この周辺には、水海《みずうみ》（現・茨城県古河市）、関宿《せきやど》（現・千葉県野田市）をも含む太田荘（現・埼玉県羽生市・加須《かぞ》市などが中心）を支配する簗田右馬助持助《やなだうまのすけもちすけ》、騎西《きさい》［私市《きさいち》］（現・加須市）城主佐々木近江守などの直臣の拠点があり、近隣に小山氏や結城氏などの成氏を支持する豪族が存在して絶好の場所であった。

古河城は成氏以降、政氏《まさうじ》・高基《たかもと》・晴氏《はるうじ》・義氏《よしうじ》など五代の古河公方の居城となった。また古河公方は、この城の近く、東南約二キロメートルの地に鴻巣《こうのす》御所を設けていた。

東都、古河

かなり後のことになるが、古河のようすを知ることのできる史料を紹介しよう。

明応三年（一四九四）というから、享徳の乱が文明十四年（一四八二）に終息して十二年後のことである。新田岩松家純の没後に家督を継いだ孫の尚純《ひさずみ》は、家宰の横瀬成繁、護持僧松陰軒とともに古河城に出仕して古河公方足利成氏に拝謁している（松）。

この出仕は尚純の代替わりの挨拶と考えられるが、対面の儀式がおこなわれる五日前に古河におもむき、終わってから五日間、通算十日間ばかり同地に滞在して殿中の状況を見聞している。行路は、その帰途の際に古河の野田氏宿所から舟に乗ったとあるから、行きも金山城下から利根川を下り渡良瀬川の合流点からわずかにさかのぼって古河に着いたのであろう。「乗物」（輿か）で「四足御門」を越えて城内に入ったとある。

まず対面の儀では、奉公衆の印東氏が「奏者役」（取次）を務めて殿中の成氏のところに導き、尚純は成氏の面前三尺ばかりの近い座席で太刀を献上し、成氏からは太刀を下賜されている。その場所には、簗田・一色・野田・佐々木・梶原らの近習が控えていた。

祖父家純は、享徳の乱のなかで上杉・幕府方の五十子陣の武将として成氏と敵対して長期にわたり出仕しなかった。このことへの詫言を成氏に述べるのが、孫の尚純の目的のひとつであった。成氏からは尚純にたいして治部大輔の官途が与えられて太刀が授けられた。正確には官職の叙任は朝廷の権限ではあるが、この時代になると朝廷に推薦するというかたちで公方などが官職叙任をおこなっていた。

【刀身に刻まれた文字】

八幡三所伊豆箱根權現住吉大明神諏波大明神吉備津宮大明神三嶋大明神宇津宮大明神日吉權現

備前國長船住左近将監長光造

正應二年己巳六月　日

■古河公方が新田岩松氏に下賜した太刀？

新田岩松家に家宝として伝来した刀がある（いまは神奈川県指定重要文化財として神奈川県立歴史博物館に入っている）。家の伝承では、「中世に偉い人から下賜された」という以外にはわからない。

文献上、新田岩松氏が刀剣を下賜された例は、ふたつある。

①長禄２年（1458）に足利成氏討伐のため下向の際に、将軍足利義政から新田岩松家純に太刀が下賜された。
②明応３年（1494）に家純の孫尚純が古河に出仕した際、古河公方足利成氏から太刀を下賜された。

①の例では、太刀は「助縄」、小刀は「久国」とある。②については、誰の作の刀かはわからない。写真の刀の銘文には「備前国長船長光」「正応二年」とある。正応２年（1289）は鎌倉時代であるが、専門家によれば刀の作りは室町時代のものであろうとのことである。②の可能性があるかと考え、そうであれば面白いと、ここに掲げるしだいである。（写真提供／山田汪子氏）

尚純らは、城下の一角に宿舎を取った。そこには座頭《ざとう》・舞々《まいまい》・猿楽《さるがく》・当道《とうどう》・上﨟《じようろう》などの芸能集団が、芸を披露するのを見ていただきたいといって庭に押しかけてきたが、後日にといって断った。また、公方御中間《おちゆうげん》・御雑色《おんぞうしき》・御力者《ごりきしや》・御輿舁《おこしかき》・御厩方《おうまやかた》などの人びともあらわれて古河城下の見物案内を求めたがそれも断ったという。古河城下は、このようなさまざまな都市的集団の居住する場所でもあったのである。

新田岩松尚純の古河城の代替わり訪問にあたっては、古河公方や家臣団の要路への一献料（取次料）ともいうべき銭貨の贈与が莫大なものであった。

尚純分としては、

公方へ……………………金作りの太刀と銭五千疋
若君政氏へ………………銭三千疋
公方奥方へ銭……………一千疋
奏者役の印東氏へ………銭二千疋

松陰分として、

公方へ……………太刀と銭二千疋
若君へ……………太刀と銭百疋

とある。なお、一疋は十文である。その他の滞在費も含めて莫大な出費を余儀なくされたであろう。また、滞在中に尚純の持病（腹中の蛔虫）が発生し、また公方御中間以下の者たちとのトラブルも生じたため、尚純・成繁一行は松陰だけを残して、滞在予定を切り上げて早めに引き上げざるをえなかった。

なお、古河には足利成氏によって鎌倉の鶴岡八幡宮から勧請《かんじょう》された八幡宮（現・本町）や祈願寺である真言宗豊山派の尊勝院などが今日に伝えられている。

江戸時代には

約一世紀後、小田原北条氏が豊臣秀吉《とよとみひでよし》によって滅ぼされ、天下統一が成ったあと、関東の主となったのは徳川家康《とくがわいえやす》であった。家康は江戸に拠点を定めるとともに、利根川の流れの付け替えに着手する。

工事を命ぜられたのは関東郡代に任じられた伊奈忠次《いなただつぐ》であった。以来、伊奈氏は三代にわたってこの大事業にあたる。そして利根川本流は大きく東北に向かって変更され、河口は東京湾ではなく、銚子を通って直接太平洋に向かうことになる。これによって関東平野の自然地理と水運は人為的に激変し、今日にいたるのである。

江戸時代に入ると古河は有力譜代大名の藩領となり、古河城は将軍家の日光社参の宿泊城ともされた。小笠原家から土井家にいたる十一家が藩主としてこの地を治め、幕府より二万石から十六万石を与えられた。なかでも土井家は二度にわたって古河に封ぜられ、二度目の入封から四代目の藩主利位《としつら》は幕府の重職を歴任し、老中首座にまで昇った。また雪の結晶の研究をおこない、『雪華図説《せっかずせつ》』という書を刊行したことで有名である。

江戸期に古河城は大きくその様相を変え、丸の内郭・御成門・観音寺郭など北に拡張されて規模は中世の約二倍となった。中世古河城は、南半分の三の丸・二の丸・本丸・諏訪郭・立崎郭の地に比定される。

江戸時代後期の読本《よみほん》作者、曲亭《きょくてい》（滝沢）馬琴《ばきん》の『南総里見八犬伝《なんそうさとみはっけんでん》』では足利成氏の居所が「滸我《こが》御所」として登場する。利根川に面して築かれた三層の高楼「芳流閣《ほうりゅうかく》」の急勾配の瓦屋根上で展開される犬塚信乃《いぬづかしの》と犬飼現八《いぬかいげんぱち》の決闘は『八犬伝』のなかでも屈指の見せ場であり、歌舞伎でも取り上げられ、錦絵の題材ともなった（カバー図版および次ページ参照）。映画化もされている。

また、頼山陽《らいさんよう》の『日本外史《にほんがいし》』では、この時代が「巻之八　足利氏正記　足利氏中」「巻之九　足利氏正記　足利氏下」として詳しく述べられている。

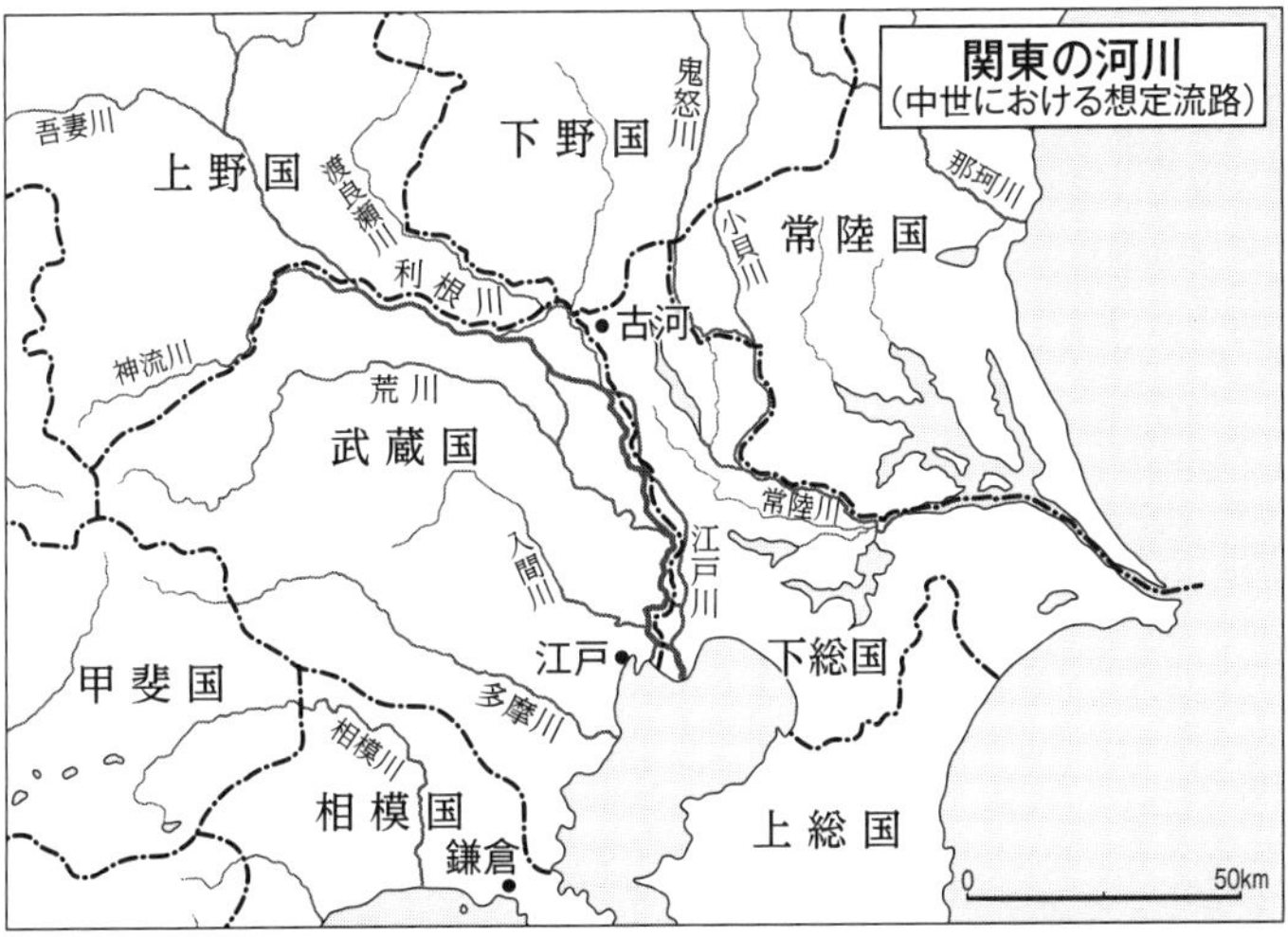

月岡芳年「芳涼《(流)》閣両雄動」

たとえば、「巻之九」ではこんな調子である。

上杉憲忠の成氏と和するや、義政も亦《ま》た使者をしてこれを諭解せしむ。而れども君臣、猶《な》お相《あ》い嫌隙《けんげき》す。後四歳、成氏、結城成朝と謀り、力士を門側に伏せて憲忠を召す。憲忠至って門に入る。力士これを撃殺す。上杉氏の族、皆怒って成氏に叛く。明年、長尾昌賢《しょうけん》(引用者註:景仲の法号)、京師《けいし》に請うて、憲忠の弟房顕を立てて管領となす。扇谷の上杉定正と共に成氏を攻めて、武蔵・相模の間に転戦す。房顕、塁を五十子に築く。兵を結んで解けざること三歳。房顕・定正、京師に請うて曰く、「願わくは一将種を戴き、以て成氏を討つを得ん」と。義政、乃《すなわ》ちその弟の髪を削って香厳院の主となれる者をして、髪を蓄《たくわ》えしめ、名を政知と命じ、これを関東に遣《つかわ》す。関東の将士、多く心を成氏に帰し、政知に附く者少なし。ここにおいて、政知、留《とどま》って伊豆の堀越に在り。房顕既に卒し、子顕定嗣ぐ。顕定、定正と、政知を奉じて数〻《しばしば》成氏を攻む。成氏走って古河城に拠る。城は常陸を負い、下野を右にし、下総を左にす。千葉・小山・結城・宇都宮の諸族、これが羽翼たり、顕定・定正これを攻む。(以下略)

このくだりもそうなのだが、『日本外史』は史実の考証においては疎漏な部分も多い。しかし、そのダイナミックな文体と叙述は多くの読者を魅了し、幕末から維新、戦前の日本において教養ある者の必読書とされた。そういうしだいで、じつは江戸時代の読者は、「享徳の乱」という認識の枠組みこそなかったものの、現代人以上に中世関東の大乱をよく知っていたのである。

明治維新後に古河城は廃城とされ、建物は破却された。また明治末から大正初年にかけての渡良瀬遊水地の形成にともなう渡良瀬川改修工事によって郭のほぼ全域が堤防外の水底へと沈むことになり、ほとんどその跡をとどめなくなった。今日では江戸時代に遺された多くの城絵図によってその状況を知る以外に方法がなくなっている。二〇一〇年に古河歴史博物館によって出版された報告書があるが、そのタイトルは、『古河城――水底に沈んだ名城』というものである。

2　五十子陣と堀越公方

攻撃態勢

話を十五世紀に戻そう。

成氏が古河に移ったことにたいして、幕府・上杉方勢力は越後・上野・武蔵の軍勢や京都派遣の武士などを総結集させ、攻撃の態勢を整える。

長禄三年（一四五九）、山内上杉房顕を総大将に、新田岩松家純などを副将にして武蔵五十子《いかっこ》陣（現・埼玉県本庄市）が形成された。

『松陰私語』は、その威容を次のように記す。


五十子陣の事、〔幕府軍は〕管領上杉天子の御旗を申請くるによって旗本なり、当方〔新田岩松家純〕は京都公方の御旗本なり、桃井讃岐守《もものいさぬき》・上杉上条・八条・同治部少輔・同刑部少輔、上杉扇谷、武・上・相の衆、上杉庁鼻和《こばなわ》、都合七千余騎、五十子近辺の榛沢・小波瀬・阿波瀬・牧西・堀田・滝瀬・手斗河原に陣をとり、星を戴き月を負い、手斗河原に日々打ち出で打ち出で相動く、然りといえども大河を隔つるの間、その動き容易ならず、京都方・関東方終日見合々々に馬を入れ誠に勝劣いまだ定まれざる大陣なり。


管領上杉房顕は朝廷（後花園《ごはなぞの》天皇）から下された錦旗をいただき、新田岩松家純は将軍から下賜された将軍旗を奉じ、将軍義政の代官の資格で参陣していたらしい。ここには、上杉一族、桃井氏、武蔵・上野・相模の衆七千余が陣を張って、日々古河公方方と対決しているさまが描かれている。

五十子は、現在の埼玉県本庄市の北東部、深谷市の北西部にかけての利根川の自然堤防上の地である。ＪＲ高崎線と利根川にはさまれた地域である、といえばおわかりいただけるであろうか。『松陰私語』に記された地名は、すべてこの付近一帯に現存している。新田岩松氏の家宰横瀬氏の名字の地である横瀬はここにあり、対岸の広大な新田荘の一部をなす。

さて、上杉房顕・新田岩松家純らの本陣はどこであろうか。本庄市東五十子に若干の遺跡が残っている。ここは、小山川と身馴《みなれ》川にはさまれた本庄の洪積台地の東端にあり、西と北に「女堀」という堀をめぐらし、東西約二〇〇メートル、南北約一五〇メートルの規模をもち、二つの郭から成る。南に松陰が住した増国寺がある。江戸時代後期に福島東雄の著した『武蔵志』（『埼玉県史』近世1地誌）に調査のスケッチが載っている。また、この地が「新田三河守源家純入道源慶居シ跡ナリ」とし、「上杉右馬介房顕当所ニ陣シ」とも記している。本丸跡より二基の五輪塔を掘り出し、それぞれ「逆修《げきしゅう》善阿禅門　文安五年戊辰八月□日」、「逆修妙泉禅尼　文安五年戊辰八月□日」の銘文があったと記されている。これは五十子陣形成に先行する五輪塔である。なお、「逆修」とは、生前にあらかじめ死後の冥福を祈って仏事をおこなうことである。

このように五十子陣は、東西の五十子を中心にその周辺の村々も含めて広範囲にわたる陣所であった。この陣所は十八年に及び存続し、幕府方は利根川西南部地域を支配する。ほぼ利根川（旧流路）を軍事境界線とし、西南は幕府方、東北は古河公方方という両軍の勢力圏が形成された。その後、文正元年（一四六六）二月に房顕は陣中で没し、越後上杉房定の子顕定が継承するが、この父子によ

■五十子城図

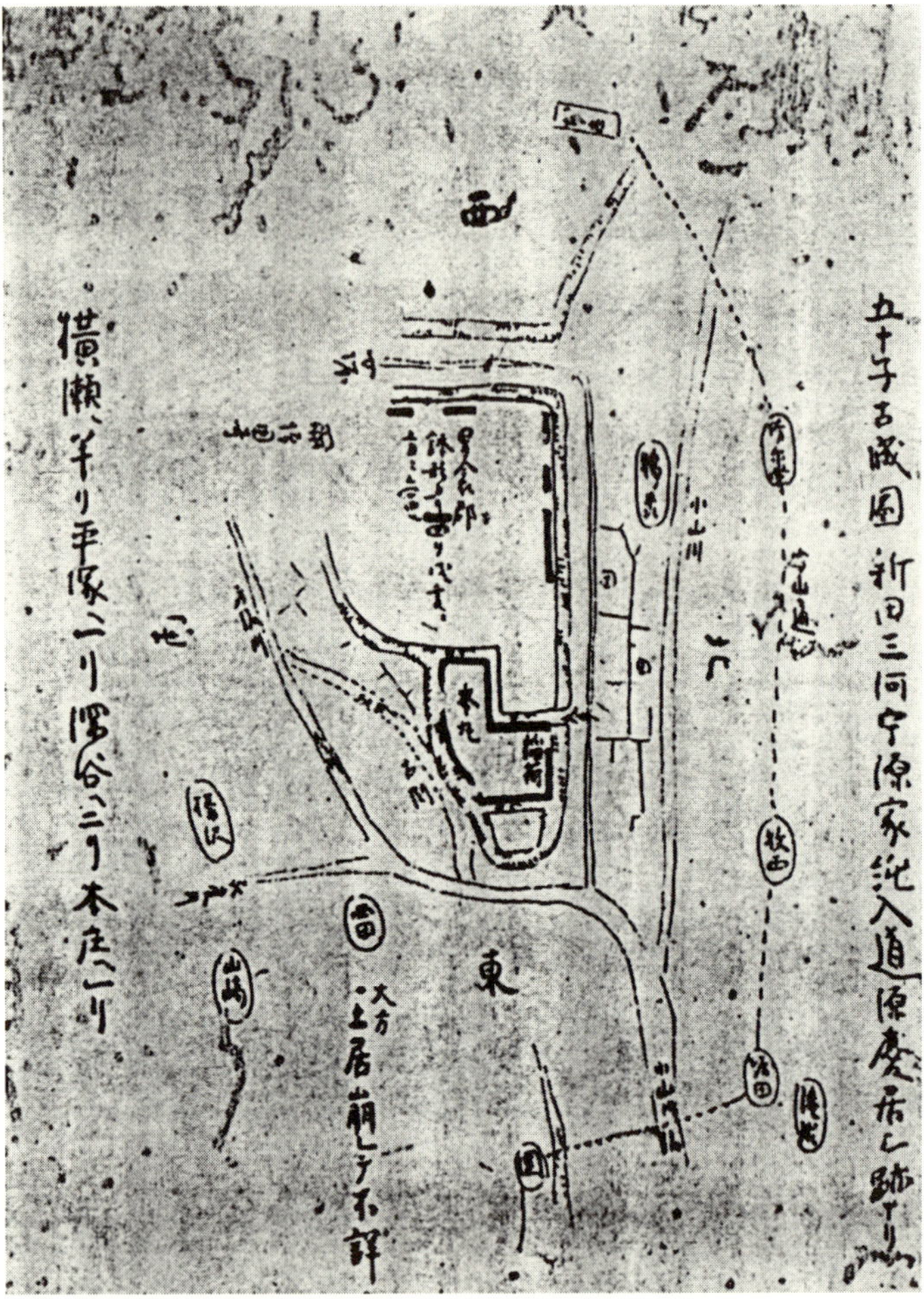

『新編埼玉県史』資料編 10（近世 1）所収、地誌「武蔵志」（福島東雄）より

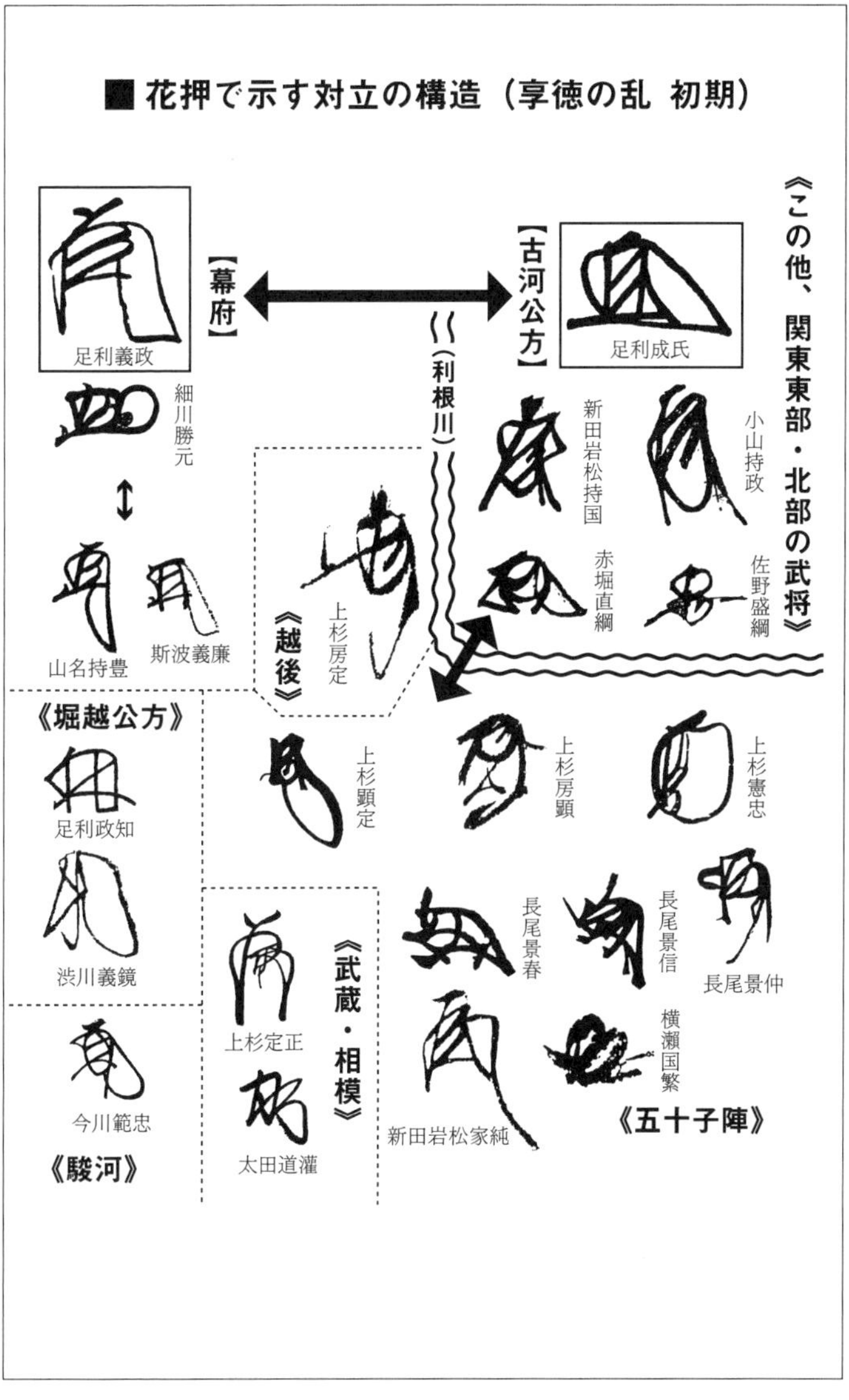
■花押で示す対立の構造（享徳の乱 初期）
【幕府】
足利義政
細川勝元
山名持豊
斯波義廉
【古河公方】
足利成氏
（利根川）
《この他、関東東部・北部の武将》
新田岩松持国
小山持政
赤堀直綱
佐野盛綱
《越後》
上杉房定
《堀越公方》
足利政知
渋川義鏡
上杉顕定
上杉房顕
上杉憲忠
長尾景春
長尾景信
長尾景仲
《武蔵・相模》
上杉定正
太田道灌
新田岩松家純
横瀬国繁
《五十子陣》
《駿河》
今川範忠

る統率のもとに激しい戦いが展開された（三七ページ系図参照）。

陣とはなにか

ここで、陣について触れておこう。

陣とは大量の軍勢が敵の城攻めとか、敵地の占領とかの特定の軍事作戦のもとに進撃したとき、地の利を有する場所、敵を攻撃するのに便宜を有し、敵の進攻を阻止する交通路沿いの地で、かつ敵の攻撃を防ぎやすい地形などを選んで構築し、宿営する陣地である。この場合、平地の野営の場合もあるし、また既成の集落や館や寺院があてられる場合もあり、寺院が大将の本陣となる場合が多い。

『松陰私語』の、滝・嶋名陣についての記述がわかりやすいので紹介しよう（第四章2節も参照）。だいぶ後の文明九年（一四七七）のことになるが、新田岩松家純は上杉・幕府方から鞍替えし、滝・嶋名陣に参陣した（このころ家純は同族の持国を倒して新田岩松氏を統一していた）。

すでに松陰の隠密裏の政治折衝によって、家純は新田荘の支配権を獲得することになっていた。しかし、このことが事前に露見すれば、鳥山式部大輔《とりやましきぶたいふ》という武将と軋轢《あつれき》が生じ、妨害されるのは必定だった。鳥山氏は、新田一族の里見系の武士で、新田荘東北部の「鳥山五郷」（鳥山・鶴生田《つるうだ》・長手《ながて》・寺井《てらい》・藪塚《やぶづか》等）やその他安房・上総にも所領を有し、当初から公方方に属して公方軍団の有力武将として活躍していた。

古河公方の安堵を得た後、松陰は鳥山氏の陣所をひそかに望見したところ、式部大輔はみずから馬場に立ち出でて普請《ふしん》の下知《げち》をしていた。ここで松陰は彼が短慮な人物であることを見抜き、遠くから公方の安堵を得た旨を叫び走り去って、角渕《つのぶち》河原（現・群馬県佐波郡玉村町）から金山城に行き、家純に事の成就を報告した。事実を知った鳥山は、公方に抗議して陣所を二、三百間焼き落とし、さらに安房・上総に退去すると威嚇したことから、かえって処罰されるにいたる。

この記事から、はからずも五十子陣内の鳥山氏陣所のようすが明らかになる。すなわち、以下の状況が推定されるのである。

①馬場がある（当然、馬小屋がある）
②焼き落とすほどの兵舎が立ち並んでいる
③さらに普請がおこなわれている

陣所にはにわか造りの掘立小屋の兵舎や馬小屋が立ち並び、馬場があり、周囲は幕を張りめぐらし、防御用の堀や柵に囲まれていたであろう。このように陣所を構え、一定期間軍勢が滞在することを「張陣」というのである。また「張陣」が相対立する両軍の対峙となるのを「対陣」と称する。陣所はその地名を冠して「〇〇陣」と呼称され、参加者には名誉の記憶として留められる場合が多い。

幕府方の軍事力構成

長禄三年（一四五九）十月の武州太田荘、上州海老瀬・羽継原《はねつぐはら》（現・群馬県館林市）合戦、文明元年（一四六九）の上州綱取原合戦等において、主に五十子陣から出撃した幕府方の軍事力構成は以下のようなものである。

◎関東管領　上杉房顕・上杉顕定
◎越後守護　上杉房定

この両者を頂点とし、これに越後・上野の長尾一族が属す。さらに国人層として、

◎越後……毛利《もうり》・和田《わだ》・色部《いろべ》・本庄《ほんじょう》・矢部《やべ》・飯沼《いいぬま》・石河《いしこ》・三潴《みつま》
◎上野……大類《おおるい》・後閑《ごかん》・尻高《しつたか》・神保《じんぼ》・高山《たかやま》・浦野《うらの》・沼田《ぬまた》・小幡《おばた》・長野《ながの》・善《ぜん》・岩松《いわまつ》
◎武蔵……豊島《としま》・大石《おおいし》・浅羽《あさば》・太田《おおた》
◎その他、および不明……小山《おやま》・二階堂《にかいどう》・渡辺《わたなべ》・芳賀《はが》・野沢《のざわ》・伊南《いなみ》・行方《なめかた》・池田《いけだ》・高埔《たかはな》・吉沢《よしざわ》・中山《なかやま》

などの名が見られ、かなり広汎な結集がうかがえる。

関東探題渋川義鏡と足利政知の東下

京都の幕府はまた、渋川義鏡《しぶかわよしかね》を関東探題《かんとうたんだい》として武蔵へ、東常縁《とうのつねより》を上総・下総へと派遣している。さらに反成氏戦線の最終的な権威づけとして、将軍足利義政の庶兄政知を関東公方として東下させた。

堀越公方館跡
(静岡県伊豆の国市)

長禄二年（一四五八）四月には、政知に随従する奉行人に布施《ふせ》為基《ためもと》や斎藤朝日教貞を任命して出京の準備をし、鎌倉の寺社などに文書の発給をおこなっている。関東下向が実現したのは、その年の五月から八月と考えられる。最初は、伊豆国奈古谷《なごや》（現・静岡県伊豆の国市）の国清寺《こくしょうじ》を本拠地に据えたが、やがてこの地が成氏方の襲撃に遭い、堀越《ほりごえ》（同じく伊豆の国市）に退去して堀越公方と称された。

堀越公方が鎌倉に入らなかった事情は不明だが、鎌倉がもつ軍事的な不安定さゆえに、まずは駿河国の守護今川範忠を駐留させ、その背後にある関東御分国の伊豆に本拠を定めたと考えられる。この本拠地は、ほぼ二町四方の広大な館跡として現在は国指定史跡として保存され、北側には高木が生い茂っている。

政知を補佐する役割を担った渋川義鏡は幕府の有力者であり、渋川氏は足利一門である。妻は山名宗全（持豊）の娘であった。また、関東探題の呼称は、五十子陣の上杉氏が関東管領職として存在するのでそれを避けたものであろう。

義鏡は堀越公方のために大奮闘をする。兄の伊予守俊詮や被官の板倉頼資《いたくらよりすけ》を相模一宮（現・神奈川県高座郡寒川町）や鎌倉に配置し、みずからは先祖相伝の地でもある武蔵北部の蕨《わらび》（現・埼玉県蕨市）を拠点にもした。また、下総における成氏方の馬加《まくわり》（幕張）千葉《ちば》氏に追われた惣領家の千葉実胤《さねたね》・自胤《より》兄弟を庇護して、武蔵東部の赤塚（現・東京都板橋区）・石浜（現・東京都台東区）に招き据えた。しかし、長禄三年（一四五九）十月の幕府方を結集した武蔵国太田荘、上野国佐貫荘の羽継原合戦では、義鏡らの主導する幕府・上杉方が敗北する。

義鏡は、京下りの面々を重用した。当然ながら在地勢力は面白くない。さまざまな局面で矛盾・対立・軋轢が生じる。さらに義鏡は、寛正三年（一四六二）に相模守護を扇谷上杉持朝《もちとも》から奪うという挙に出た。

相模の諸将はいっせいに反発し、これを憂慮した幕府は、義鏡を関東探題から解任する。後任には犬懸上杉政憲《まさのり》が京都から派遣された。その後、義鏡は蕨地域を支配しつづけ、没後と推定される文正元年（一四六六）には子息の義尭《よしたか》がその地位を継いでいる。

斯波義廉

ところで、ここでいったん目を京の三管領家のひとつ、斯波《しば》氏に転じたい。

斯波氏は享徳元年（一四五二）九月に惣領の義健《よしたけ》が早世した後、家内が混乱していた。家督を継承したのは一門の義敏《よしとし》である。越前《えちぜん》・尾張《おわり》・遠江《とおとうみ》三ヵ国の守護となった義敏と家宰の甲斐常治《かいつねはる》のあいだで、分国越前の支配をめぐって激しい争いが生じたのである。

義敏と常治の対立には多分に性格的なものもあったと思われる。しかしそれ以上に、重臣の専横を恐れる当主や一門と、甲斐氏のこれ以上の支配権の行使を嫌う越前の在地勢力（国人）の利害が一致したことに端を発するといえよう。

長禄元年（一四五七）、義敏は甲斐氏や朝倉氏、織田氏らの守護代クラスの重臣と戦うが敗北する。翌年には将軍義政や管領細川勝元の仲裁によって両者の和解が成立するが、義敏を支持する越前の国人層と甲斐・朝倉勢力が現地で衝突する（これを「長禄合戦」と称する）。

つまり、享徳の乱が起こり、幕府が関東に新たな公方を差し向けようとしていたころ、越前でも騒乱が発生していたということである。

ところが、将軍義政は関東の上杉氏救援のため、義敏および常治に出兵を命ずる。そんな状況で両者が従うはずもなく、かえって越前での争いは激化する。それどころか義政から関東攻めを督促された義敏は、集めた兵を越前に向け、甲斐方の金ケ崎城や敦賀を攻めて逆に敗れた。これを知った将軍の逆鱗に触れた義敏は追放されるにいたる。

代わって養子入りして家督を継いだのが斯波義廉《よしかど》。その実父こそが前述の関東探題渋川義鏡なのである。この管領家継承にあたっては、義鏡の妻山名氏が奮闘していちおうの解決を見たのだという。その後、この義廉が、応仁・文明の乱と深くかかわることとなる（次章1節参照）。

父の渋川義鏡は堀越公方とともに関東に下ってその権力を支えて大活躍し、そのまま関東にとどまった。子の斯波義廉は、幕府権力の一角を構成する斯波氏の養子に入って越前での泥沼の紛争に直面する。また、実父との関係――父子の立場と利害には微妙な相違もあったと思われるが――で、東国の政治状況をよく把握していたであろう。

新田岩松持国の寝返りとその没落

渋川義鏡は和戦両様の構えで足利成氏の勢力を削ぐことに力を注いでいたようだ。和議成らずとみた義鏡は新田岩松氏に着目する。

上野国新田荘を基盤とする新田岩松持国は、享徳の乱の初期においては、足利成氏方に属したが、堀越公方の下向の段階で、幕府・上杉方の五十子陣にあった同族の新田岩松家純の政治工作によって寝返り、幕府方に与するようになった。

堀越公方が下向した長禄二〜三年（一四五八〜五九）に、その家文書である「正木文書」のなかに関係文書が多く見られる。すなわち、将軍足利成氏義政発給の御教書・御内書《ごないしょ》三通、足利政知発給の御教書三通、渋川義鏡添状・書状十三通、布施為基書状一通、朝日近江前司教忠添状・書状六通などで、これらの発行年月は堀越公方やその補佐役の渋川義鏡が積極的に活動した長禄二〜三年の時期に当たる。

一方、将軍足利義政の御内書のなかには、次のような文書がある。御内書とは、将軍の意向を踏まえて書記官である祐筆《ゆうひつ》が作成・筆写して、使者を通じて現地の対象者に交付される書状のことである（次節で詳述）。

「飯尾左衛門大夫元種これを申す」
同名右京大夫持国父子の事、成氏に対し内通の儀露顕せしむるの間、沙汰致すの旨、上椙（上杉房顕）兵部少輔の注進到来、尤も神妙。仍って太刀一腰これを遣わし候なり。

御判（足利義政）

五月十四日

新田（岩松家純）治部大輔殿

この御内書は、「御内書案」（『続群書類従』二十三下）「寛正二年巳」の一番目に収載されている。『後鑑』（第三篇）には「正木文書」として記載されているが、史料編集の際の誤りによるものと思われる。

さて、この将軍足利義政の御内書は、持国父子が成氏方と内通したことが露顕（発覚）したので、「沙汰致す」ということを五十子の上杉房顕から注進があったため、その功績を賞した太刀を遣わすということである。「沙汰」とはなんらかの行為をおこなうことであるが、この前後の関係から判断すると誅殺ないし追放したということである。

ここで新田岩松持国は家純によって殺害されたと考えられる。そのことは、この時点以降、「正木文書」のなかに持国あてのものが存在しなくなることからも推察できる。また「持国父子」の子というのは、おそらく持国の子三郎であろう。もうひとりの子次郎は、すでに成氏方に奔っており、その後も「宮内少輔・左京亮」の官途で登場する。この次郎の名は成兼と推定される。成兼は寛正四～五年（一四六三～六四）に次の文書を残している。

A　上野国新田庄岩松郷の内金剛寺、同寺領等の事、御志有るによって進じ置き候。先例を守り御知行有るべく候。仍って後日のための状、くだんの如し。

寛正四年八月十五日　成兼《（岩松）》（花押）

東光寺

B　上野国新田庄内新野東光寺の事、松寿丸成人の間、先例に任せ進じ置き候。仍って後日のための証文、くだんの如し。

寛正五年三月廿六日　成兼《（岩松）》（花押）

怡雲庵

いずれも新田荘内の金剛寺・東光寺といった新田岩松氏の菩提寺に関する寄進である。したがって成兼は、しばらくは足利成氏のもとで、この時点まで一定の勢力を維持していたと考えられる。

岩松持国と子息三郎は、成氏方への内通の嫌疑で、岩松家純によって誅殺された。こうして家純による新田岩松氏の統一、新田荘の支配の確立が実現するのである。

3　将軍足利義政の戦い

御内書――将軍発給の文書

享徳の乱は、京の幕府将軍足利義政と関東の古河公方足利成氏の対決、すなわち「東西戦争」として推移した。

この間、義政は長禄四年（一四六〇）四月から文正元年（一四六六）にかけて百六十二通の御内書を発給し、関東における幕府・上杉方に命令している。なお、この間の十二月に長禄は寛正となり、寛正は六年続いて文正と改元された。

その後に応仁・文明の乱が発生してしばらくこの行為は中止されたが、京都の市街戦が収まり戦闘が地方に波及するなかで、文明三年（一四七一）四月から十二月にふたたび六十四通の御内書が発給

■享徳の乱の構図

古河公方軍……足利成氏
①下野（小山氏）・常陸（佐竹氏）・下総（千葉氏）・上総（武田氏）・安房（里見氏）支配の守護・守護代など
②古河公方直轄領支配の直臣

——vs.——

幕府軍……足利義政・細川勝元
a　上野（山内上杉・長尾）・相模（扇谷上杉・太田）・伊豆の守護・守護代
b　将軍「代官」として派遣された堀越公方（足利政知）とその直臣
・渋川義鏡・上杉教朝など
c　幕府派遣の奉公衆
・四条上杉氏、八条上杉氏（オール上杉氏）
・関東に所領をもつ奉公衆→東常縁、板倉氏など
d　幕府派遣の周辺守護大名
・越後上杉氏（房定）（五十子陣）、駿河今川氏（鎌倉）
e　関東の戦乱で滅ぼされた遺族、亡命者
・新田岩松家純、上杉憲顕・教朝兄弟、上杉教房（上杉禅秀の乱関係者）

伝・足利義政像
（東京国立博物館蔵）

されている。

前者は「御内書案」、後者は「御内書符案」という史料集となって今日に伝えられている。室町幕府は、将軍が発給した御内書の写しを取っておいて後世に伝えたのである。

この二つの御内書集を検討することによって、古河公方足利成氏に対抗する幕府（将軍）とそれに味方する関東諸勢力とがどのようにつながり、またその間の状況がどうなっているかを知りうると思うので、以下「御内書案」をA、「御内書符案」はBとして考察してみることにする。

先にも述べたが、御内書は将軍の意向を踏まえて書記官の祐筆が作成・筆写して、使者を通じて現地の対象者に交付される。たとえばBの文明三年五月七日の書状では、「管（管領細川勝元）より御申し、飯肥（飯尾肥前守為脩）案文出す」などとその作成過程をも注記しており、管領細川勝元の申し出を将軍が承認して飯尾氏によって「案文」（原案）が作成されたと記している。

内容は、五月以前に足利成氏方の有力武将であった下野の小山下野守（持政）と常陸の小田太郎（光重）にたいして将軍が勧誘して味方になるよう要請したものである。やがて軍勢を率いて幕府方に参陣して忠節を尽くせば恩賞を与えると記している。この御内書の効果があって、その月の三十日には小山氏が味方となって忠節を尽くすとの申し出があった。これが大きなきっかけになって、多くの関係する武将の幕府方への参陣が地滑り的に起こり、幕府・上杉軍の下野侵攻、古河公方の古河から下総への一時退去という事態（第四章1節）となるのである。

御内書のあて先を見ると

御内書が誰にあてて出されているか、その前提に関東の現地からどのような報告に基づいて出されているかをグループ別に分類してみると次のような図になる。

足利義政（将軍）――細川勝元（管領）

→①足利政知（堀越公方）→渋川義鏡など家臣
→②上杉房定（越後守護）→四条・八条上杉氏、その他房定家臣
→③上杉房顕（上野守護）→長尾氏・上州・武州一揆、家臣
→④上杉持朝（相模守護）→太田氏・その他家臣
→⑤その他、関東・奥羽の諸勢力

以上のような系統にしたがって、軍勢催促状や感状を発給している。

管領細川勝元は、将軍義政にしたがって補佐し助言をおこなっている。御内書は京都から早馬（急便）で東山道を通じて武蔵の幕府方本陣の五十子陣へ、東海道を通じて伊豆・鎌倉へ、およそ四〜五日で到着する。そしてそれぞれの大将①から④を通じてその輩下に配られる。

Aのうちの一つの御内書の内容をのぞいてみよう。

成氏誅伐について、度々内書を成し遣わす事、去年武州太田庄において、父教房討死の刻紛失の由、これを聞こし召されおわんぬ、いよいよ親類・被官人おのおの忠功を抽《ぬき》んずべく候也。

（長禄四年四月十九日）
月　日　　御判（足利義政）

上杉三郎（政藤）殿

上杉中務少輔教房は武蔵太田荘の合戦で討死した。教房は、古河公方足利成氏誅伐の将軍御内書を肌身離さず持っていたが、合戦の際にそれは紛失してしまった。これを聞いた義政は感銘を深くし、親類・被官人は教房の意を継いでいよいよ忠功を尽くせ、と伝えたのである。

あて先の三郎は、討死した教房の子息三郎政藤《まさふじ》である。教房の祖父氏憲（犬懸上杉氏）は、鎌倉公方足利持氏と対立して関東管領を辞職した後、同志を集めて持氏にたいする反乱を起こして滅ぼされた（上杉禅秀の乱）。その子息の一族は鎌倉を追われ、京都に逃れて四条上杉氏として幕府に仕えた。教房はそれに当たる。また別系に八条上杉氏（中務大輔持定）がおり、ともに関東に下向して幕府軍として戦っている。

このように、幕府軍の中核として越後上杉氏（房定）、京都四条・八条上杉氏、それに関東の山内（房顕）・扇谷（持朝）などオール上杉氏の結集がおこなわれていた。越後上杉氏（民部大輔房定）は、守護国の越後国支配が安定していることもあって一族や家臣（越後長尾・毛利・宮部・飯沼氏）などを率いて五十子陣に長期滞陣して幕府軍の重要な役割を担った。やがて寛正七年（一四六六）二月十二日に五十子の陣中で管領上杉房顕が病没すると、将軍義政は房定の子の一人を山内上杉氏の養子に入れることを指示し、房定は子息顕定を関東管領として、自分はその後見役となった。

Bに示された一連の軍事行動がいちおうの成功を収めると、上杉房定はいくさ疲れか越後への帰国願望が頭をもたげてくる。将軍義政は懸命に房定を慰留している。

山内上杉氏は、関東管領と上野・武蔵の守護を兼ね、五十子陣の総大将といってもよく、その下に強力な家臣で上野守護代である惣社・白井・鎌倉などの長尾氏集団と武蔵守護代の大石氏（顕重）、その下に上州・武州一揆の武士団がいた。

一方の扇谷上杉氏（政真、定正）は相模守護として勢力を扶植し、武蔵にも勢力を張り、将軍義政から河越荘を与えられて河越城を築城し、武蔵東部の江戸城には城代として太田資清（道真）と子息資長（道灌）を配置し勢力を伸ばした。

太田荘・海老瀬口・羽継原などの合戦

Aのなかでの最大の合戦は、長禄三年（一四五九）十月十四日から翌日にかけてのものであり、武蔵国太田荘と上野国佐貫荘で激戦となった。

十月十四日………武蔵国太田荘
十月十五日朝……上野国佐貫荘海老瀬口
十月十五日夕……同荘羽継原

太田荘は武蔵国北埼玉郡全域と南埼玉郡の一部を包摂する広大な荘園で、北は現在の加須市（旧大利根町）、東は春日部市、さいたま市、西は行田市・熊谷市に及ぶ。もともとは八条院領荘園で、この時代には、古河公方の直轄領となっていた。

この広大な地域のどこで合戦がおこなわれたかが問題であるが、その手がかりになる史料が、（長禄四年）四月二十八日付の長尾尾張守（忠景）あての御内書に「太田庄合下合戦」とある。この「合下」を「会下」と理解すると鴻巣市上会下《かみえげ》という地名が見沼代用水の左岸にある。ここには臨済宗（現在は曹洞宗）雲祥寺という寺院があり、会下《えげ》は説法の場所ないし寺庵を意味する言葉である。この地は利根川を隔てて群馬県邑楽郡板倉町海老瀬と同じく群馬県館林市羽附町と一二キロメートル圏にあり、古河への圧力をかけるには、適当な地であり、この地を含めて二日間にわたって三ヵ所で激戦が展開されたと推定される。

これらの合戦では、先述のように、京都から下向した四条上杉教房をはじめ大量の討死が出て、幕府方の大敗北に終わったと考えられる。

大量の出陣要請

その一方で、関東をはじめ南奥までの諸勢力にも大量の出陣要請がなされていた。陸奥南部の伊達（持宗）・懸田・小峯・猪苗代・二階堂・国分・石川一族・信夫一族・葦名・相馬・岩城・岩崎・楢葉・標葉・田村一族・大崎左衛門佐（奥州探題）・葛西亀若・黒川などの諸氏に向けてである。南奥から古河公方陣営の背後を突く作戦と考えられるが、各々の積極的な対応はなかったようである

関東の諸勢力にたいしては、長禄四年（一四六〇）十月二十一日に厳しい調子の軍勢催促が発せられている。対象となっているのは、下野の宇都宮四郎（明綱）・小山下野守（持政）・那須越後守（資持、下那須家）・那須大膳大夫（氏資、上那須家）・佐野伯耆守（盛綱）・芳賀伊賀守（成高）、上総の武田右馬之助入道（信長）などで、これらは足利成氏に属している人びとである。

彼らに向かって、すでに「治罰の綸旨《りんじ》」が出ているので、これを無視するとも天譴遁れがたしと厳しい口調で参陣を訴え、同時に帰参すれば恩賞を与えると述べている。治罰の綸旨とは朝廷が「○○は朝敵であるから追討せよ」と命ずるものである。これを要請して得た側は正義の軍であり、その敵は賊軍ということになる。五十子陣で上杉・幕府方が錦の御旗を掲げていたのは綸旨を得ていたからであった。

さらに、寛正五年（一四六四）八月十七日にも、小山下野守（持政）とその家臣の水谷壱岐守、および鹿島出羽守（実幹）に同様な厳しい参陣催促状が送られている。この時点では、これにたいする動きがないが、Bの文明三年（一四七一）には、小山氏などが寝返り、情勢が激変する。

上杉氏以外に常陸国守護の佐竹義俊とその弟実定（上杉憲実の猶子となる）は、父義人が山内上杉家から養子に入ったことから上杉氏との関係が深く、享徳の乱では幕府・上杉方として行動した。長禄三年（一四五九）十一月に霞ヶ浦南岸の常陸国信太荘での合戦について、ともに戦った黒田・簗田・長沼・結城など諸氏の軍功（本人ないし子息討死）を推挙し、各氏あてに将軍の御内書が下されている。

この信太荘の合戦は、幕府・上杉方の小田持家・佐竹実定・真壁朝幹などの主力にたいし、古河公方方は小山持政・千葉輔胤、古河公方直臣の結城・野田・簗田氏らが戦いを挑み、小田持家の子治部少輔・上総介や真壁氏一族三人が討死している。なお、この地域を支配していた土岐原景秀もこの合戦に幕府・上杉方として奮闘したと想定されている。

文明三年、上野・下野の合戦で幕府軍勝利

B（御内書符案）では幕府・上杉方の政治工作の過程が詳細に示される。そのなかで、敵方武将の切り崩しと味方の軍事動員の過程、そして幕府軍が東山道に沿って新田・足利・館林、さらに小山領

の児玉塚（現・栃木県栃木市）まで進撃して古河に圧力をかけ足利成氏を一時下総に退去させる過程が示されている。

ここで下野の有力武将小山持政、常陸の小田光重の帰順が最大の課題になる。足利義政は、宇都宮氏や結城水谷氏を通じて所領授与などの利益誘導で誘い、帰順をうながしてこれを実現している。

上野の新田岩松持国の降伏も重要であるが、これは長禄二年にすでに実現しているのでこのBには含まれていない。また、膨大な新田岩松氏の「正木文書」（二百七十八点）のなかでは享徳の乱関係文書が多くを占め、新田岩松持国あての足利成氏関係文書が九十一点ある。これにたいして、足利義政御教書（細川勝元奉ず）一点、同御内書三点、足利政知御教書二点と奉行人副状など十八点、同族で幕府軍の武将の新田岩松家純四点、その家宰横瀬国繁七点、五十子陣人総大将の上杉房顕関係三点、それに持国請文四点を含めると合計四十二点の幕府方関係文書がある。

これらによって、将軍の命を受けた岩松家純らが政治工作によって同族の持国を寝返らせ、五十子陣からの幕府軍を利根川渡河後に新田荘を経由して誘導し、足利の諸城や館林城を落とし、最後の児玉塚陣への進撃を実現し勝利したのである。ただ、先にも触れたように、足利成氏は危険を避けて古河から下総に退去したものの、古河城は落とすことはできず、佐野唐沢山城に籠もる佐野盛綱の奮戦によって、退路の遮断を恐れた幕府軍はまもなく撤退しているのである。この過程の軍忠の状況が、Bのなかに大量に収録されている。

堀越公方足利政知の動向

この時点で、将軍義政の庶兄（腹違いの兄）たる堀越公方足利政知にたいしては、どのような命令が出されていたのであろうか。Aのなかの政知あて御内書では、十通の御内書が発せられている。その内訳は、

①千葉介（武蔵千葉氏）の困窮救済
②各地の兵粮料所（相模国や木戸氏・松田氏・大友氏など）
③木戸三郎実範の所領問題
④扇谷上杉道朝（持朝）の「雑説」（不穏な動向）
⑤堀越公方の箱根山越え問題

の五点にまとめられる。

①は、下総を一族に追われて武蔵東部に所領を与えられた千葉氏惣領家の困窮救済問題、②は諸氏の拠出している兵粮料所を守護の扇谷上杉持朝が他氏に転嫁していることの禁止、③は木戸氏の年来の所領を保証すること、④は上杉持朝（道朝）が政知との対立から不穏の動きを示すという噂の解

消、⑤は関東合戦の状況に合わせて、政知が箱根を越えて関東に出陣することの禁止、などである。それらは主として相模を中心とする内政問題で、軍事的な領域での権限はなく、箱根越えをして幕府軍を支援しようとする堀越公方の行為を将軍は押し留めている。

Bのなかの政知あて御内書は、文明三年（一四七一）の一年間ということもあって激減し、伊勢内宮の役夫工米（伊勢神宮式年遷宮の際の臨時拠出）、仙洞（後花園法皇）の崩御（前年十二月二十七日）の二件と、小山持政・小田光重の降参によって幕府方が勝利し、古河公方が下総に引退した勝利を喜ぶ（八月十五日）、という御内書の三点である。総じて、幕府足利義政の広汎な活動に比較して、伊豆の堀越公方の影が薄いと思われる。

いずれにせよ、御内書の数々からは、関東の統制を欲して軍事介入にきわめて積極的な将軍義政の姿が浮かんでくる。それは政治に無関心で文化面にのめりこんでいった「風流将軍」という、一般に流布したイメージとは大きく異なるものなのである。

第三章

応仁・文明の乱と関東

新田岩松氏の家紋「大中黒」
＊現在の群馬県太田市の市章でもある。

1　内乱、畿内に飛び火する

ポイント再確認

本書の「はじめに」で、私は読者にぜひお伝えしたいことを二点記した。

◎戦国時代は応仁・文明の乱より十三年早く、関東から始まった

◎応仁・文明の乱は「関東の大乱」が波及して起きたものである

ここまで述べてきて「応仁・文明の乱より十三年早く、関東が内乱状態＝享徳の乱に陥った」ことはおわかりいただけたかと思う。

本章以下では、残るポイントである「関東の大乱＝享徳の乱が応仁・文明の乱の遠因であること」および「いわゆる〝戦国時代〟が関東から始まったこと」について論じていきたい。

堀越公方の成立から渋川義鏡の活躍、その後の幕府政治の動向、応仁・文明の乱にいたる経過などに関しては、家永遵嗣《いえながじゅんじ》『室町幕府将軍権力の研究』という詳細な研究成果や石田晴男《いしだはるお》『応仁・文明の乱』などの専論がある。とりわけ家永氏は「義鏡―義廉父子の存在は、享徳の大乱と応仁・文明の大乱との関係を解くキーとなるものである」という名文句を記して、その関係の解明を果たしている。本章はそれらの成果に学びながら述べていこう。

京都の幕府内には、古河公方を認めずに上杉方に肩入れしようとする将軍足利義政、および長期にわたり管領職を掌握していた細川勝元の路線にたいする山名宗全らの反発があった。

いわゆる応仁・文明の乱においては京都市内に構築されたそれぞれの陣所の位置から細川勝元方が東軍と称され、山名宗全方は西軍と称された。東軍・西軍の主要メンバーとそれぞれの支配領国ないし地域は次ページの表のとおりである。

西軍の頭目の山名氏は、上野国八幡荘山名郷（現・高崎市山名町）を本拠地（名字の地）とする新田一族の武士であった。南北朝期に西国に拠点を移して以後もこの所領を確保し、歴代の山名氏は代官を派遣して所領の支配と郷内に立地する山名八幡宮の経営をおこなってきた（「山名八幡宮文書」、「蜷川家文書」）。それゆえ、上野国南部のこの地を通じて関東の情勢を的確に把握していたと考えられる。上杉氏支援の将軍義政・細川路線の挫折をも視野に入れて起ち上がった可能性もあると思う。

応仁二年と推定される新田岩松持国の子・左京亮（次郎成兼）あての四月十一日足利成氏書状案（「正木文書」）には次のように記されている。

■応仁・文明の乱における東西両軍の主な構成

	東　軍	支配領国	西　軍	支配領国
将軍家	足利義政 義尚		足利義視	
細川氏 （三管領）	細川勝元とその一族	土佐・阿波・讃岐・淡路・和泉・摂津・三河・備中・丹波		
畠山氏 （三管領）	畠山政長	紀伊・河内・越中	畠山義就 畠山義統	河内 能登
斯波氏 （三管領）	斯波義敏	越前	斯波義廉	越前・尾張・遠江
京極氏 （四職）	京極持清	近江北部・飛驒・出雲・隠岐		
赤松氏 （四職）	赤松政則	播磨・美作・備前		
富樫氏	富樫政親	加賀		
武田氏	武田信賢	安芸・若狭		
山名氏 （四職）			山名宗全（持豊）とその一族	石見・備前・備後・美作・但馬・因幡・伯耆・播磨
六角氏			六角高頼	近江（南部）
一色氏 （四職）			一色義直	志摩・伊勢・丹後・若狭
土岐氏			土岐成頼	美濃
河野氏			河野通春	伊予
大内氏			大内政弘	周防・長門・筑前・豊前

＊『戦国武将合戦事典』による（一部補正）

連々仰せ上せらる、によって、都鄙（京都・関東）の御和睦の儀、申し沙汰候の由、義廉ならびに畠山・山名書状到来候、御大慶のいたりに候、この刻速く御調義あるべく候、出陣の用意しかるべく候、委曲使節に仰せ含められ候、恐々謹言。

卯月十一日　　　成氏在判

岩松左京亮殿

すなわち、以前に関東から将軍家に提起していた幕府・関東の和睦のことが裁可されたということを記した斯波義廉・畠山義就《よしなり》・山名宗全らの書状が到来して、めでたいかぎりである。この時節、早く和平が実現することが望まれる。別に出陣の用意はしておくように。くわしくは使節に申し含めておいた、という内容である。

この文書と同様な内容をもつものが「那須《なす》文書」に見られる。

「応仁二年閏十月二日到来、御使佐々木近江守、於天明陣」

都鄙御合体について、忠節を励むべき由、京都より御教書を成され候、この度御本意に属し候様、いよいよ兵義等能々相談すべく候。　　謹言

閏十月朔日　　　成氏（足利）（花押影）

那須越後守（資実）殿

すなわち、この年の閏十月二日に成氏から、下野国天命（文書では天明。現・栃木県佐野市）の陣を守備している那須資実《すけざね》（古河公方方の下那須家）にたいして、成氏は家臣の佐々木近江守を使者に送り、「都鄙御合体」（幕府と古河公方の和睦）について京都から将軍足利義政の御教書が届いたので、成氏の目的が達せられるよう、ますます防備を固めるよう相談せよと伝えている。

ちなみに幕府の管領は応仁元年一月八日から翌二年七月十日までの約一年半の短期間、畠山政長に代わって斯波義廉が任ぜられている。和睦の動きが、義廉や畠山義就・山名宗全らのイニシアティブによることは明らかである。

この時点では、和議は成立しなかったが、のちに応仁・文明の乱が起こると西軍方となる斯波義廉と畠山・山名氏らが、享徳の乱を推進している将軍足利義政や細川勝元の主流派に反対して和平を提起していることがここから判明する。関東に残った父渋川義鏡との連絡によって状況を把握している斯波義廉がこの和平交渉に一役買っていたことは想像に難くない。

つまり斯波・畠山・山名氏らは、将軍足利義政・管領細川勝元によって遂行される成氏打倒・上杉氏支援路線にたいする批判をもっていたことが推察され、彼らがこのときに主導する和平は将軍・管領の不同意によって実現しなかったと見てよい。そのことで和平を提起した者たちの不満が高まり、応仁・文明の乱の原因のひとつを構成したと思われる。

呉座勇一氏は『応仁の乱』（中公新書）の「あとがき」において、「応仁の乱は第一次世界大戦と似た構図を持つのではないか、と思い至った」「東西両軍は共に短期決戦を志向したが、戦争は長期化し足軽や郷民を動員する総力戦の様相を呈した」と記しておられる。しかし、東国という要素を考えた場合、それは第一次世界大戦というより、むしろベトナム戦争の比喩で語られるほうがふさわしいような気が、筆者にはする。

対古河公方戦争はすでに長期化、泥沼化していた。それでも東国に介入を続けようとする勢力とその批判勢力が中央で衝突したのが応仁・文明の乱ではないのか。その意味で、東西両軍の双方が短期決戦を志向したことはまちがいないだろうが、大局的にはすでに始まっていた泥沼の戦争の第二幕、東国の戦乱の飛び火と見てよいと筆者は考える。

団結する家、分裂する家

当時の政治支配のしくみは、守護領国体制というもので、幕府・鎌倉府の有力武将が各国の守護に任ぜられる。細川氏の九ヵ国、山名氏の八ヵ国を筆頭に、それぞれが守護国として数ヵ国の領有をおこなっていた。また、守護でなくとも国内のある部分に所領をもち、守護に次ぐ支配権を維持する場合もあった。

守護はおおむね京都におり、支配する守護国には有力家臣を配置して支配をおこなっていた。こうした有力家臣を守護代と称する。

有力守護大名は幕府機構の管領・侍所などの職に就き、斯波・細川・畠山の三管領、侍所の赤松・一色・山名・京極の四職というかたちをとって交代制でその任に就いていた。

また、一族の分出にともなって守護国の分割がおこなわれてそれぞれが独立的な傾向になっていった。

あらためて一〇九ページの表を見ていただきたい。

まさに一目瞭然であろう。両軍を統率する細川・山名の両一族はほぼ団結しているが、管領の畠山氏・斯波氏は一族内で分裂している。これはそれぞれの家督と守護国の内情が大きく関係している。

有力守護は数ヵ国にわたり守護国を領有しているので、それを一族が分割し、またそれぞれの守護代が支配する。当時の一族は腹違いの兄弟も多く、それぞれに母方の有力な武士が背後におり、それが紛争の原因にもなっていた。前章2節で触れた斯波氏がその典型である。

在地に問題を抱える大名家のなかに数々の亀裂が走り、一族間の分裂のない細川勝元と山名持豊（宗全）をそれぞれ盟主と仰ぎ二大派閥が形成されてゆく。

このようななかで、将軍義政と管領細川勝元による鎌倉公方足利成氏討滅、管領上杉氏支援路線が推進されたわけである。長期にわたり戦乱が継続されることにたいする反発に加え、将軍家の継嗣問題まで発生する。すなわち将軍義政の弟義視《よしみ》と実子義尚《よしひさ》（母は日野富子）の対立がからみ、細川派は義視を、山名派は義尚を支持することとなった。

従来の理解では将軍継嗣問題が本筋で、それによって二大派閥が生じたとされてきたが、むしろ守護領国における在地との問題にたいする立場のちがいが、将軍家の家督争いによって顕在化したというべきであり、それはすでに関東では争乱として火を噴いていたことだったのである。

長禄・寛正の大飢饉とほうき星

この間に京都を中心にして西国は旱魃・凶作による長禄・寛正の大飢饉に見舞われる。各地の住民の流亡化が起こり、各国の領主支配の不安定要因となった。

その原因は、夏〜秋における「炎旱《えんかん》」（日照り）とその後の豪雨（風水害）によるもので、農作物は大打撃をこうむった。とりわけ備中《びっちゅう》・美作《みまさか》・伯耆《ほうき》の被害が大きく、飢餓による大量の流民が発生した。

また、康正二年（一四五六）四月には大きな彗星（ほうき星）が出現し、人心の不安は高まった。この彗星はその後の研究で、いわゆるハレー彗星であることが判明している。

これらの自然現象は常に当時の政情不安の大きな要因となった。やがて東国における「享徳の乱」を鎮定することができず、このような災害まで招いたとされる政権への批判が噴き出す。

そして京都を中心にして応仁元年（一四六七）から文明六年（一四七四）の八年間にわたり、細川派を東軍とし、山名派を西軍として応仁・文明の乱が戦われることとなる。しかし、京都を中心とした主要な戦闘は、文明二年（一四七〇）ころまでで、その後戦乱は地方に波及していった。文明五年（一四七三）三月に山名宗全、五月には細川勝元が相次いで没し、翌年に山名・細川両氏の講和が成立して応仁・文明の乱は実質的には終息する（完全な終息は文明九年［一四七七］とされる）。

2 「戦国領主」の胎動

「職の体系」の崩壊

享徳の乱は関東における所領関係（支配関係）の構造を激変させた。

中世の支配構造は「職《しき》の体系」と称される重層的なものである。「職」とは、所領にかかわる権利関係のことで、当時はこの所領支配が重層的になっていた。すなわち、同一の所領について、現地の地頭職、中間の領家職、上部の本家職などが重なって、それぞれの所得分の権利となっていた。「この所領は、わがもの」という主体が三人もいたのである。

内乱勃発直後、鎌倉公方足利成氏は新田岩松持国にあてて、次のように命じている。

大館上総介知行分等事、散ぜらるべきの由その聞こえ候、然るべからず候。但し凶賊の楯籠る子細候わば能々実否を極め上意を得らるべく候。(「正木文書」)

この大館上総介知行分というのは「新田庄之内庶子方寺領等相分注文」に「大館郷四ケ村、一井郷四ケ村、大館知行京都伺候」とある将軍家奉公衆大館氏の地頭職に属する本領で、関東の内乱に乗じて持国はこれの奪取を意図したところ、京都がまだ成氏討伐を決定していない段階での成氏の京都にたいする配慮がこの書状となったのである。

さらに成氏は下野国足利荘については、次のように命じている。

京都御進止においては、一所その綺《いろい》をなさざる段、諸代官存知の前に候。なかんずく足利庄事は御代官を下され、直に御成敗有るべく候。(「武家事記所収文書」)

しかし、幕府・鎌倉府の全面対決後は当然抑留してしまったと考えられる。なお、「綺」とは手出し、干渉といった意味である。

永享の乱直前の永享四年（一四三二）に足利持氏は、「御料所足利庄を始めとし京都御知行所々一所残らず悉く押領」（「満済准后日記」）とあり、和解のときの条件に「関東京方所領」の返還が議論されている。

少し下るが永正九年（一五一二）の記録には「東国御料所仰せ下され、鎌倉殿に申すべき也。渋川三万匹」「禁裏御料所渋河（上野）・畔蒜（上総）等事、近年無沙汰の条」とある。以上のような関東御分国内にある京都の権門（公家・武家・寺社）の所領・所職は多く存在したが、それらはこの内乱においてことごとく消滅していったと考えられる。

足利荘の場合、将軍名字の地であり幕府管領被官の香河・神保氏などを代官として京都から派遣し直務させ、関東の動静を探る窓口の役割を果たしていた。内乱中の寛正六年（一四六五）八月に、鎌倉長尾新五郎（景人）は、

野州足利庄――今は敵御踏まうと云々――御代官職事、由緒の地と云い、度々の忠節と云い望み申す。（『蜷川親元日記《にながわちかもと》』）

ということで幕府の許可を得て入部し、二年後の応仁元年（一四六七）には足利学校を移建した

り、翌年鑁阿寺《ばんなじ》に禁制を掲げたりしているから、このころにはすでに入部し、その後足利長尾氏として発展することとなった。

足利荘の場合は幕府の直務であったが、幕府管轄下の所領は、多くの場合は公家・武家・寺社の本家職や領家職による得分知行であり、内乱の過程において、在地領主の年貢未進の恒常化ということで不知行化してしまう。重層的な職の体系は上級の職が実質上消滅することによって在地領主の支配に一元化されてゆくのである。

関東御分国外の知行者の所領・所職としては、鎌倉時代以来の西遷領主（承久の乱の後、西国に所領を得て現地に移った御家人の末裔）の名字の地がある。たとえば豊後《ぶんご》大友氏の場合「相模国大友庄・同国三浦長坂郷・上野国利根庄・越後国紙屋庄」があるが、この内乱で完全に知行権が消失する。上野国にある伊勢神宮領御厨《みくりや》の場合、長禄二年（一四五八）に細井御厨、文明二年（一四七〇）には佐貫荘御厨（地頭赤井殿）の年貢が在地領主によって抑留されている。

寺社領の不知行化

関東御分国内の知行主でも、弱い部分（とくに寺社領）から不知行化が進行する。

享徳二十六年（文明九年／一四七七）には、鎌倉の報国寺およびその塔頭《たっちゅう》休畊庵《きゅうこうあん》の場合は一一九ページの表のような状態であり、近隣の武蔵・相模の所領は維持されているものの、鎌倉から遠い諸国の部分はほとんど不知行化している。

鎌倉の中核をなす鶴岡八幡宮の事情はどうか。ちょっと見てみよう。

寛正二年（一四六一）に関東管領上杉房顕は武蔵守護代あてに次のような奉行人奉書を発している。

鶴岡八幡宮領武州所々の事、押領人等注文壱通裏を封じこれを遣わさるところ也、不日彼の綺《いろい》を退け、下地を当社雑掌に沙汰し付けらるべし。（「鶴岡八幡宮文書」）

■享徳の乱末期における鎌倉報国寺および塔頭休畊庵の所領支配の実態

国	当知行	当乱来不知行
武蔵	小山田保下矢部郷真光寺	埼西郡栢間本郷
相模	山内庄秋葉郷那瀬村 鎌倉郡深沢内常葉村 愛甲郡七沢半在家 舟子内半在家 小野郷半在家	一宮内北殿分
上総		山辺保内田馬郷
常陸		信太庄青谷
上野		勢多郡二宮内蛭沼

（「報国寺文書」、『鎌倉市史』史料編3による）

鶴岡八幡宮領の武蔵国の所領がかなり押領されているのがわかる。

また鶴岡八幡宮自体も次のような状況になっている。

文安四年（一四四七）………悪党の蜂起によって、所々神宝・御正躰等が盗みとられた。

明応九年（一五〇〇）………社頭の造営が十余年なく、破壊が言語に絶す

永正十七年（一五二〇）……地震によって、廻廊・拝殿・幣殿以下皆もって顚倒。崩落した赤橋の修造も橋本宮内丞というものが独力でおこなう。

鎌倉公方が不在となった後の、鎌倉の衰退状況が表現されている。

散在所領と「強入部」――「〜領」の形成

遠隔地の散在所領・所職の不知行化は在地領主でも免れえない。東上野の新田岩松氏の場合、

当方代々大将軍（足利尊氏）以来の旧領、武・相の間において十八ケ所なり、返し給わるべきの由を申し、彼地所々の事は、河越または武・相諸家、応永・永享一乱以来大忠ありて各当知行、

であり、ことに、

先年五十子諸将退陣已後、武・上・相の諸家時に至り強入部の地等、各手強に相抱えて子細を申す者、権威といえども山内（上杉氏）より取返さること、十に八九はこれ無し。

という状態であった（松）。

鎌倉時代以来の伝統的な豪族の流れをくむ新田岩松氏は、本領の新田荘以外に、武蔵・相模の十八ヵ所に所領が散在していたが、それらについては応永年代の上杉禅秀の乱、永享年代の永享の乱などの後に河越（扇谷上杉氏）や武蔵・相模の武士たちが合戦の手柄ということで、「当知行」（現実に知行）しているというのである。

さらに、享徳の乱の過程での幕府方の五十子陣退陣以後は、上部権力の空白状態につけこんだ「強入部」によってひとたび占拠されてしまうと、権威の山内上杉氏の命でも返却させることは十中八九ないと述べている。

「強入部」とは、武力をもって侵攻し占拠すること。つまり、防禦力の弱い散在所領は近隣の在地領主にこのようなかたちで押領されることが多かったのである。

一方、新田岩松氏の失われた散在所領の代替として、

> 其の替地として当城麓の地等、少し入部仕るべく候、御抱惜（抱え惜しみ、遠慮）有りべからず候、（中略）
> 淵名庄・園田庄二ケ所、当方（山内上杉方）武・相の本領返付せらるべきの間、先ず多少を論ぜず預け置き申す也（以上、松。傍点引用者）

とあり、山内上杉氏の家宰長尾景信は、新田岩松氏に城下の別人の所領や近接する淵名荘・園田荘への入部を承認している。ここには「遠くで失ったものを近くで得る」という在地領主の論理が展開されている。

権門・寺社領の不知行化と相まって、所領の散在と入り組んだ関係が在地領主による右のようなコースで整理されていく。

これらの各地の中小武士は、享徳の乱においてその本拠地に城郭を構え、その周辺に所領を拡大していく。すなわち、郡とか広大な郷などが基準となり、そこを本領として確定し、本城・支城を築いて防備を固め、城下に町場をつくって経済活動の中心とする。このような地域こそが「〜領」（例：新田領）であり、その形成と拡大につれ、しだいに一円所領化が推し進められていくのである。

新田岩松氏の統一と金山城築城

さて、ここまで述べてきたことを踏まえて、一二二ページの引用にある「当城」の二文字に注目したい。

これは新たな新田岩松氏の本拠地、金山城のことを指す。

金山城を築いたのは礼部家の家純である。家純は上杉方に引き入れた一族の持国を殺害した後、新田荘の支配権を獲得し、ついに新田岩松氏を統一した。上杉禅秀の乱で父満純が斬られ、幼くして逃れて各地を転々としたのちに、享徳の乱の発生で将軍に召し出されて成氏討伐軍に加えられて五十子陣の武将となった家純。数十年かけて出生の地、新田荘に戻った感激は大きなものであったろう。彼は満を持して築城に着手したのである。

新田岩松氏以降、金山城の主は変転するが、その間に上杉謙信の攻撃を退け、「関東七名城」のひとつと謳われた。しかし豊臣秀吉の小田原攻めの際に落城、そして廃城となった。国の指定史跡であり、現在は公園として整備されている。中世城郭の遺構としてきわめて巨大なものである。また、築城の年代と同時期の記録が存在する点で貴重なのである。

『松陰私語』は、以下のように詳細に記している。

文明元年己丑二月二十五日、金山城事始め、源慶院殿（新田岩松家純）御代官として、愚僧立鑁始、地鎮の次第、上古の城郭保護記これを証せんがため、地鎮の儀式、天神地祇への供え、七十余日普請断絶なく走り廻り、九字ならびに四天王を以て守護する所なりと取り堅める也。大概の造功おわんぬ。同八月吉日良辰、屋形五十子より御越し御祝言。（松）

すなわち、文明元年（応仁三年／一四六九）二月二十五日が「金山城事始」で、松陰（愚僧）が主君の新田岩松家純の代官として鍬入れ（立鑁）の地鎮式に臨み、「上古の城郭保護記」にもとづいて地鎮の儀式を厳粛におこなった。その後、二ヵ月以上、七十余日に工事がおこなわれてほぼ完成した。八月に五十子陣から主君の家純を迎えて、家臣団は勢ぞろいして城郭工事完成を祝ったというのである。この初期城郭がどの位置にどのように築かれたかは不明であるが、形成の諸段階のようすが知られる点できわめて興味深い。

ちなみに太田資長（道灌）が築いた江戸・河越・岩槻の三城の築城は長禄元年（一四五七）とされ、鉢形城などもこの内乱期に築かれたと比定される。これらの城は鎌倉府体制の分裂と崩壊の末に地域を再結集した領主の拠点となった。

一方、かつて門田畠や倉庫を抱えこみ農業経営と収納の場でもあった平地部の居館（堀内）は、新田荘の反町城に見られるごとく堀を広げ、土塁を高くして防衛的な性格を強くし、本城にたいする支

金山城跡
日の池と大手虎口
(Wikipedia より ／ Mocchy 氏撮影)
近年、この「日の池」の周囲の敷石が、イノシシによって一部破壊された。池の近くの湿った土に集まるミミズを食べようと、敷石を「発掘」してしまうのである。

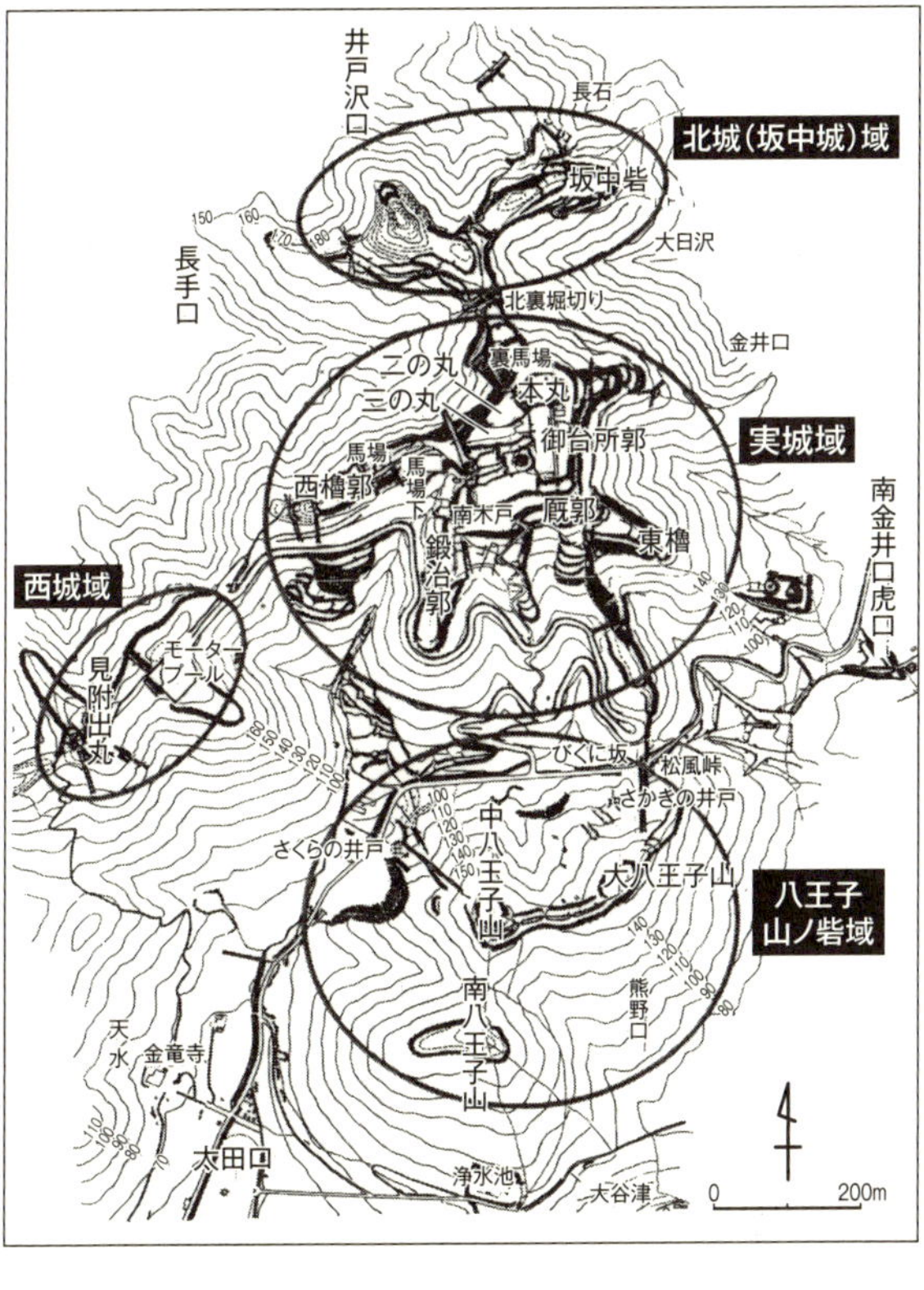

金山城縄張図（飯森康広氏作図に拠る）

城の役割を果たすようになる。

家臣団

『松陰私語』の文章は続く。

国繁《横瀬》以下、皆々御迎として由良原まで参らる。当城御供上座の中央、屋形御相伴の衆左右二行に着せらる。左者、新野・西谷・矢嶋・高林・富沢・福沢以下、被官中伊丹・金井・沼尻以下、其間において賞翫の牢人衆居せらる。右、渋河・田中・綿打・脇谷・村田・堀内以下、城衆国繁、同名伊豆・上総・駿河以下、五十子御供衆、賞翫の牢人衆、其間に居せらる。御前給仕の御通は、成繁果子・御茶以下、新次郎・伊豆三郎・初献の御酌成繁、二献伊豆三郎、三献新次郎、其後は召出次第不同、皆々国繁の指南後、屋形御酌、此程各昼夜辛労の故、当城を造りおわり、御悦喜の由、その後国繁被官中、その弟以下、国繁指南その声を待つ。その先その外の儀式これを記すに遑あらず。

その後、屋形五十子より年始に御越、椀飯の御座、大概その分なり。源慶院殿御代御相伴衆十六、七人に過ぎず。その後は二十人に過ぎず。御一家の次第、左は岩松流、右は遠江流新田是なり。後代のためこれを記しおわんぬ。（松。傍点引用者）

金山城の築城と連動して、岩松氏の家臣団は、

①一族御門葉
②被官
③賞翫の牢人衆

に再編成されていく。①〜③の家臣団には領内に給地が与えられる。それは在来の土地所有権の安堵も、新恩もあるが、③の場合、たいていは新恩であろう。

三者の力関係の比重は時代とともに①から②へと漸次下降する。新田岩松氏の場合は、有力被官として伊丹・金井・沼尻・横瀬らの諸氏が台頭する。なかでも横瀬氏は国繁が金山城に在城し、文明四年（一四七二）春に成氏が大軍を率いて五十子陣の対岸、新田荘の大館河原から佐貫荘岡山原にかけて陣所を構えた際に、この陣所を背後から牽制し糧道を絶つ役割を果たして、成氏軍の撤退を余儀なくさせた。

③の牢人衆は、在地領主の一族体制からはみ出した庶子や、戦乱の過程で分解した領主層からはみ出した浮遊軍事力で、この時期になるとかなり広汎に存在したと考えられる。

岩松氏の壁書のなかには、

他家より当方へ随身の方これあらば、その家々の族によって慇懃・賞翫に指南これを致すべし、当方より他家へ同道随身の儀、尽く未来これ有るべからず。

と規定されている。

「賞翫の牢人衆」とは賞翫指南すべき他家よりの随身者を指すと考えられる。岩松氏の場合、武蔵五十子陣において周辺からかなりな牢人衆を抱えこんだことが推察される。

牢人衆を領主制の枠内に採用することによって岩松氏の直属軍事力を強化し、一族御門葉の勢力を抑え、より強固な領主制を確立することになる。また、①②の階層は③の牢人衆の存在によって自己の地位ほかの既得権を脅かされる危険を回避すべく、必然的に当主への忠勤を励まざるをえなくなることが予想される。

家臣団は戦闘力を高める要請や他地域への長陣などのため、直接農業経営から遊離して専業武士団化する傾向をもつ。結果として相対的に彼らの領主経営内部の隷属民（下人・所従）は作人職を獲得し、経営を自立化させていく方向に向かう。つまり兵農分離の前提が漸次準備されていくのである。

鋳物師たち

次に手工業生産についても触れておきたい。

宝徳元年（一四四九）関東管領上杉憲忠下知状案、宝徳二年および三年の将軍家御教書案の三通の文書によると、「和泉・河内両国鍬鉄鋳物師」の職業については幕府・鎌倉府のあいだで新業の族を制禁していたところ、関東近辺でその業を営むものがあるのでこれを停止するとある。とくに「向後いよいよ野州・上州鍛冶鋳物師等新業を停止すべし」（「上杉家文書」）、というのである。

これは、十五世紀後半初頭で畿内先進地域の金属手工業の本座の独占が、関東一帯とくに下野・上野で新業の族によって破られつつあることを示している。とくに下野は佐野天命という鋳物の町がその後も繁栄している。その他でも在地構造の変化に照応した農具・武器等鉄製品の需要が東国の各地に普及し新業鋳物師の盛行をもたらしたと考えられる。

「戦国領主」

以上、東国に起こった「享徳の乱」は非常に幅広い社会変革を生みだし、鎌倉府体制（守護領国体制）をほぼ崩壊させたといってよい。そして所領と家臣団編成の二面において、以上のような領主制の構造変革をもたらしたと考えられる。

いまや所領からいかに他知行者を排除し、いかに多くの家臣団を内包し軍事力を強大化するかが課題となった。また、つねに領内生産力を上まわる軍事力構成をもつことが、外への侵略というかたちをとりうる拡大のエネルギーともなったのである。この変革はさらに内乱を増幅する方向で長期化し、規模を拡大していった。

たとえば、この内乱の過程で新田岩松氏が古河公方と上杉氏の二つの上部権力の対立を巧みに利用して、両者に安堵を請求している地は、「新田庄未来闕所」といわれる新田荘内に予想される闕所地と上野・下野・武蔵の新田荘の近隣諸郷村である。所領獲得のためには、あるときは公方に、あるときは上杉氏にとその帰属を替える。岩松氏を統一した家純もまた、こののち成氏方に転換する。

私はこの段階を「戦国時代」の開始と見て、こうした領主を「戦国領主」と名づけたい。関東の彼らのなかから、「戦国大名」が生まれたか否か……。この点が、今後の主要な問題になってくる。

3 諸国騒然

本節では、関東各地の諸勢力の動向を国別に列挙、考察していく。

享徳の乱における初戦の乱戦状態から数年経つうちに、古河公方方・幕府方両者の勢力の勢力分布が明確化されてくる。おおざっぱにいって上杉氏が守護職を保持していた西上野・武蔵・相模・伊豆などは幕府方に属するようになり、前代からの伝統的豪族層の割拠する東上野・下野・常陸・下総・安房などはおおむね古河公方方に属し、ほぼ利根川（東京湾に注ぐ旧利根川）を戦線の境界となす状況となった（八ページ地図参照）。しかし、子細に検討すると地域ごとに複雑な様相をも示しており、以下これらを国別に見ていくことにする。

西上野――山内上杉陣営の中核

この地域は、南北朝期以降は山内上杉氏の守護国であった。守護としての山内上杉氏の上野国支配は、南北朝内乱以後にしだいに強固に形成されていった。

また、越後守護上杉房定が五十子陣に出陣して全面的に山内上杉氏を支えた。そして房定の子顕定は、五十子陣で病没した山内上杉房顕の跡を継いで幕府方の総帥となった。こうして生まれた強固な上越ラインのなかでも西上野は幕府軍の中核を担った。

守護代家の長尾氏は惣社《そうじゃ》長尾・白井長尾・鎌倉長尾（＝後に足利長尾）に分かれる。中心的な存在は惣社長尾氏と考えられ、以前には山内家宰職を主として占有していたと考えられるが、白井長尾氏から景仲（昌賢）が出るに及んで白井長尾が勢力を得、景仲・景信と続いて家宰職にあった。家宰職は長尾氏のどの家から出るということでなく、能力ある人物が補任《ぶにん》されるのが例であった。

上杉氏は享徳の乱に先行した関東の内乱（永享の乱・結城合戦）で参陣・活躍した武士たちを以下のように区分して従属させていった。それらは、上杉氏被官と上州一揆とに大別される。

◎上杉氏被官
長尾氏（惣社・白井・鎌倉［のちに足利］）
瀬下氏・白倉氏・小幡氏・小串氏など
◎上州一揆
一部上杉氏の被官化……寺尾氏（伊豆守護代）・発知氏・高山氏・和田氏・那波氏
被官化なし……沼田氏・小林氏・大類氏・倉賀野氏・長野氏・諏訪氏・一宮氏・綿貫氏・高田氏・赤堀氏

上杉氏の被官のうち三長尾氏は別格として、前半の瀬下・白倉・小幡氏は、「管領被官中の宿老」といわれ、後半の寺尾・発知・高山・和田・那波ら五氏は、独立的要素をもつ国人で、一族内分家の一部を上杉氏の被官に提供している。那波氏の本拠は東上野であるが、他はすべて西上野である。

なお、被官化のない上州一揆の成員のうち赤堀氏は東上野に本拠を有し、享徳の乱では足利成氏に属して活躍した（五九ページ参照）。このように山内上杉氏は強大な軍事力を構成し、一揆成員から分出された守護被官が上杉氏と上州一揆の両者を結合させる役割を担っていたと考えられる。

和田氏（長資）は、現在の高崎市中心部に勢力を張っていたが、享徳の乱初期の三宮原（現・群馬県北群馬郡吉岡町）の合戦で越後守護上杉房定に属して戦い被官人に負傷者が出て戦功を賞されている（「本間美術館所蔵文書」）。

高山氏は文明三年（一四七一）に、将軍足利義政から上州綱取原（現・群馬県伊勢崎市）合戦で父彦五郎が討死した戦功を子息（「跡」）が賞されている。同様に文書は、沼田彦三郎跡にも与えられている（同）。同年に小幡右衛門尉・長野左衛門尉にも上杉顕定の注進によって同様な感状が下されている（以上「御内書符案」）。文明五年（一四七三）には、管領細川勝元は、小幡三河守に伊豆・上野国内の知行分にたいし将軍安堵状が下されたことを報じ、いっそうの忠節を励むことを要請している（「上杉家文書」）。

以上のように西上野は、関東管領・上野守護の山内上杉氏や守護代長尾氏の強力な地盤であり、越後上杉氏とも強く結ばれ、享徳の乱を勝ち抜くための軍事的中軸を形成していたのである。

東上野――こちらは古河公方方

幕府・上杉方の強力な基盤をなす西上野にたいして、利根川以東の東上野は、むしろ古河公方足利成氏方の基盤といってよい。その中軸を担うのは新田荘の新田岩松氏と佐貫荘の赤井氏である。新田岩松氏については本書の諸章で狂言回しの役割を果たしてもらっているので、ここでは触れない。

上野国の東端の邑楽郡地域は、中世では佐貫荘と称され秀郷流藤原氏の佐貫氏の基盤となった。十五世紀に入ると佐貫一族の舞木氏がこの地域を統括し、さらに舞木氏家臣の赤井氏が下剋上で権力を掌握していった。

赤井氏は、大陽寺赤井氏ともいい、歌人で知られた文屋《ふんや》姓の貴族の末裔と称する。丹波国に勢力を扶植した武士で、その一族が三河国渥美半島の付け根に位置する大陽寺荘に拠点をもち大陽寺赤井氏を称したと考えられる。この赤井氏は足利氏の家臣として活躍して関東に下り、なんらかの縁で舞木氏に臣従し大袋城を拠点とした。

享徳の乱においては、赤井文三綱秀・同文六高秀は本拠の館林城に立て籠もり、文明三年(一四七一)に上杉方の長尾景信・太田道灌・豊島《としま》泰明らの攻撃によって落城させられている。

武蔵――豊島氏と太田氏

武蔵国は鎌倉時代に大きな勢力をもった比企《ひき》氏・畠山氏・横山氏などが内乱で滅亡し、さらに南北朝時代には河越氏なども滅亡した。その後、武蔵七党(実態は九家)が父系・母系などの血筋の党によって結合し各地に勢力をもっていた。

南北朝内乱期に足利氏はこの党を軍事組織に再編成し、武州白旗一揆（以下、武州一揆と略す）、あるいは平一揆などとした（関東平氏の血筋を引く諸氏が中心だったので、このように称されている）。

具体的な事例として豊島氏をとりあげることにする。

豊島氏が基盤とした豊島郡は現在の練馬《ねりま》区・豊島区・板橋区・北区・荒川区・台東区・文京区・新宿区・千代田区・港区など、東京都二十三区の北半分を占める広大な地域で、その内部は、赤塚《あかつか》・石神井《しやくじい》・練馬・志村《しむら》・岩渕《いわぶち》・豊島・小具《こがい》・板橋《いたばし》・平塚《ひらつか》・湯島《ゆしま》・千束《せんぞく》・江戸《えど》・太田《おおた》・桜田《さくらだ》・飯倉《いいくら》などの諸郷で構成されていた。また、豊島郡は熊野山領の荘園となっており、豊島荘とも称されていた。

中世には、この地域は豊島氏のほか江戸氏などの武蔵平氏系の武士たちの拠点となっていた。江戸氏の後に南北朝期に扇谷上杉氏がここを支配するようになり、家宰である太田氏の道真（資清）・道灌（資長）父子は主君上杉定正の意を受けて江戸城を築き、城代としてここを護った。

享徳の乱の時期において豊島郡は豊島氏と太田氏が東西に地域分割して支配をおこなっていた。豊島氏は石神井城（現・練馬区石神井台）、練馬城（現・練馬区向山）・平塚城（現・北区）などの石神井川流域に城郭を構え勢力をふるった。

また、『鎌倉大草紙』によると、幕府の命を受けて重臣の渋川義鏡は家臣の板倉大和守とともに武蔵の蕨（現・埼玉県蕨市）に城郭を構えてその地域一帯を掌握した。

下総——東常縁の場合

享徳の乱において下総は、武蔵とならんで上杉方の重要拠点と位置づけられたため、幕府・上杉方を支持する諸勢力がさまざまな空白地域に派遣された。

下総国東北部の東荘《とうのしょう》（現・千葉県香取郡東庄町）を本貫地とする千葉氏の一族で幕府奉公衆でもある東常縁《とうのつねより》は、康正元年（一四五五）に幕府の命によって名字の地であるこの地に下り、幕府・上杉方である惣領家の千葉実胤《さねたね》・自胤《よりたね》と結んで、庶家の古河公方方の馬加《まくわり》千葉氏（馬加は現在の幕張）の康《やす》胤《たね》・胤直《たねなお》と戦い、木戸孝範・太田道灌らと親交を結んだ。しかし、千葉氏惣領家は追われて市川城（現・千葉県市川市）に逃れ、さらに追われて武蔵の石浜（現・台東区）・赤塚（現・板橋区）の両城を拠点とし武蔵千葉氏となる。

しかも、応仁・文明の乱が起こると、常縁の本拠たる美濃の郡上《ぐじょう》城が西軍に攻め落とされ、所領は斎藤妙椿《さいとうみょうちん》に横領されてしまった。そのことを知った常縁は、古今伝授を受けた歌人でもあった関係で、自作の和歌を関係者に贈って許しを乞い、所領の回復を果たしたという。その和歌のひとつを紹介する（『鎌倉大草紙』）。

霧こめし秋の月こそよそならめ
　かざしににほへふる里の花

下総西北部を拠点とする結城氏広《うじひろ》は、北に相接する下野の小山氏とともに古河公方の有力な家臣として奮闘した。小山持政が幕府・上杉方に寝返ったときにも、動ずることなく古河公方方として戦い、持政の失脚後の対策に貢献したと思われる。

下野――四大豪族の勢力争い

下野国は西南部に佐野氏、南部に小山氏、中央部に宇都宮氏、そして東北部に那須氏の四大豪族がそれぞれの拠点に本城・支城の城郭を構えて、一族・家臣が勢力を張っていた。

佐野盛綱が唐沢山城を築き、古河公方陣営の西方の護り手として活躍し、文明三年（一四七一）の上杉軍の古河城攻めに際しては防戦につとめ、古河公方の危機を救った。

小山持政は享徳の乱発生以来古河公方を支持して奮闘したが、文明三年には幕府・上杉方に寝返り、侵攻軍の手引きをしたが、一族の者に権力を奪われて没落した。

宇都宮等綱《ともつな》は立場が一貫せず、幕府・上杉方に与同して家臣の芳賀氏に追放される。奥羽を流浪したが、その後武蔵国吉富郷鹿子嶋村（現・東京都府中市住吉町）に所領が与えられ、上杉方として活動した（「香蔵院珍祐記録」）。

権力を掌握した芳賀氏（飛山城主）は、宇都宮の家臣益子氏らとともに古河公方を支えつづけた。

那須氏は、古河公方の北辺の守りとして終始活躍した。全体として古河公方方の強固な護り手を形成したといえよう。

上総――武田は甲斐のみにあらず

甲斐武田氏の一族の武田信長は、鎌倉公方に直臣として仕えた。享徳の乱の乱が起こると、遠隔地所領の上総国に入部し、長南《ちょうなん》（現・千葉県長生郡長南町）・真里谷《まりやつ》（現・千葉県木更津市）の二城を築き、上総武田氏となって房総半島における古河公方方の拠点を形成した。

安房――里見氏の台頭

安房では、源氏里見《さとみ》一族の里見義実《よしざね》が安房に入部し、稲村城《いなむら》（現・千葉県館山市）を築き、古河公方方の湾岸最前線の役割を担った。稲村城は『鎌倉大草紙』では「十村の城」となっている。

なお、この里見義実の活躍は、江戸時代後期に読本作家曲亭馬琴によって『南総里見八犬伝』というかたちで脚色して描かれ、義実とその娘伏姫《ふせひめ》、妖犬八房《やつふさ》と八犬士の物語として多くの人びとに読まれた。

稲村城は地元の方々の調査・保存運動の結果、二〇一二年に同じ里見氏の岡本城と合わせて国指定遺跡となった。

常陸――佐竹氏の複雑な動き

常陸における鎌倉幕府成立以来勢力を展開してきた伝統的豪族の佐竹氏は、享徳の乱では複雑な動きを示す。

この乱に先立つ時点で、嫡流家の義盛は上杉憲定の子息義憲（義人）を養子としていた。義人とその子息（義俊・義定）は永享の乱・結城合戦では微妙な立場にあったが、享徳の乱では上杉・幕府方となって奮闘した。一族内の山入《やまいり》師義《もろよし》の子孫たち（与義―祐義―義真）はその反対勢力を形成して分裂し、古河公方方となって抵抗した。さらに嫡流家を離れて古河公方方に加わる者もあらわれて、佐竹氏内部が分裂抗争することとなった。

常陸西部では、下妻城を拠点とする多賀谷氏、真壁城を拠点とする真壁氏などが古河公方を支持して奮闘した。

相模――扇谷上杉の拠点

鎌倉は、相模守護の扇谷上杉持朝と幕府方の両属関係にあったようである。扇谷上杉氏は、守護所を糟屋（現・神奈川県伊勢原市）に設け、糟屋館（城）を拠点として武蔵のほかに相模にも勢力を保持していた。

小田原を地盤とする大森実頼《おおもりさねより》は、伊豆から小田原に進出する堀越公方奉行人布施氏に抵抗して隠遁させられた。三浦半島の三浦時高《みうらときたか》も堀越公方系の進出に抵抗してこれまた引退を余儀なくされた。このように幕府関係者の伊豆から相模への進出にたいして、反対や不満の声が根強くあった。これは相模守護扇谷上杉氏にとっても同様と思われる。

この調整のために足利政知の「鎌倉を本拠地とする」とのプランは取り下げられ、伊豆堀越に形ばかりの関東公方として留まらざるをえなかったと思われる。

伊豆——意外な台風の目

堀越公方足利政知の伊豆下向および駿河守護今川範忠の鎌倉制圧については第二章1節で記した。ここでは、その他の諸勢力について記しておく。

鎌倉を制圧していた今川氏が寛正元年（一四六〇）に本国に引き揚げると、その後に伊豆の狩野氏（上杉氏の配下）や堀越公方に従って下向した渋川義鏡やその家臣の板倉氏がこの地を支配した。しかし、現地勢力と下向勢力の間には、矛盾対立があり、堀越公方の支配も必ずしも安定したものとはならなかった。

第四章 都鄙合体

長尾氏の家紋「九曜巴」

1　行き詰まる戦局

小山持政

文明二年（一四七〇）、幕府・上杉方は賭けに出た。すなわち、将軍の御内書を古河公方に属する武将あてに大量発給して味方への帰属をうながしたのである。

狙われたのは、下野の大豪族小山下野守持政。持政は古河公方方を支える有力武将であるが、近接する下総の結城氏とのあいだに所領紛争があり、その紛争を裁許した成氏の措置にたいして不満をもっていた。

成氏はずっと以前から小山氏の動向に不安をもっていたのかもしれない。持政に長禄二年（一四五八）の閏正月十一日と九月二十六日に二通の書状を送り、「江嶋動座《えのしまどうざ》」以来の享徳の乱における忠勤を高く評価し、自分と持政とは兄弟の契りを結んだ仲であるとまでいい、結城氏との所領問題は、悪いようにはしないこと、また恩賞は遣わすことなど懇切に述べている（「小山文書」）。

従来この二通の書状は成氏と持政のうるわしい主従関係を示すものと評価されていたが、あらためて考察すると、むしろ成氏の必死の味方内への引き止め策であったのだと考えられる。

文明三年（一四七一）五月、小山持政は、古河公方の努力にもかかわらず、けっきょく小田光重・佐野愛寿丸らとともに幕府・上杉方に寝返り（「御内書符案」）、その誘導によって幕府・上杉方の長尾景信・景春・忠景、新田岩松家純・明純、北武蔵・上野の一揆衆が五十子陣から東山道を東へと長駆出撃することとなった。

大窪から赤塚へ

文明三年（一四七一）四月から六月、五十子陣の幕府軍は長尾景信を総大将として、新田荘から足利荘に進出し、まず大窪（現・栃木県足利市大久保町）に張陣した。新田岩松方の横瀬国繁は自分の知行地の矢場・大蔵（現・群馬県太田市東部）に陣を進めその地を占拠しようとしたが、先鋒隊の一部は只木山（現・足利市多田木）方面にまで進出し、軍勢の分散が懸念されたので国繁はそのことを景信へ強く進言し、大窪周辺への軍勢結集の命令を出させた。

国繁は大窪般若寺前の「深田之嶋」に陣を取り、長尾景信は、般若寺の寺山前後に張陣した。そして、古河公方方の拠点の八椚《やつくぬぎ》城を攻め立てた。この城は足利市八椚町の西北丘陵上（現在は天神町）にあり、ここに佐野一族の赤見氏を総大将に加胡・大高氏らが立て籠もり、大窪陣から長尾景信軍が攻め寄せた。

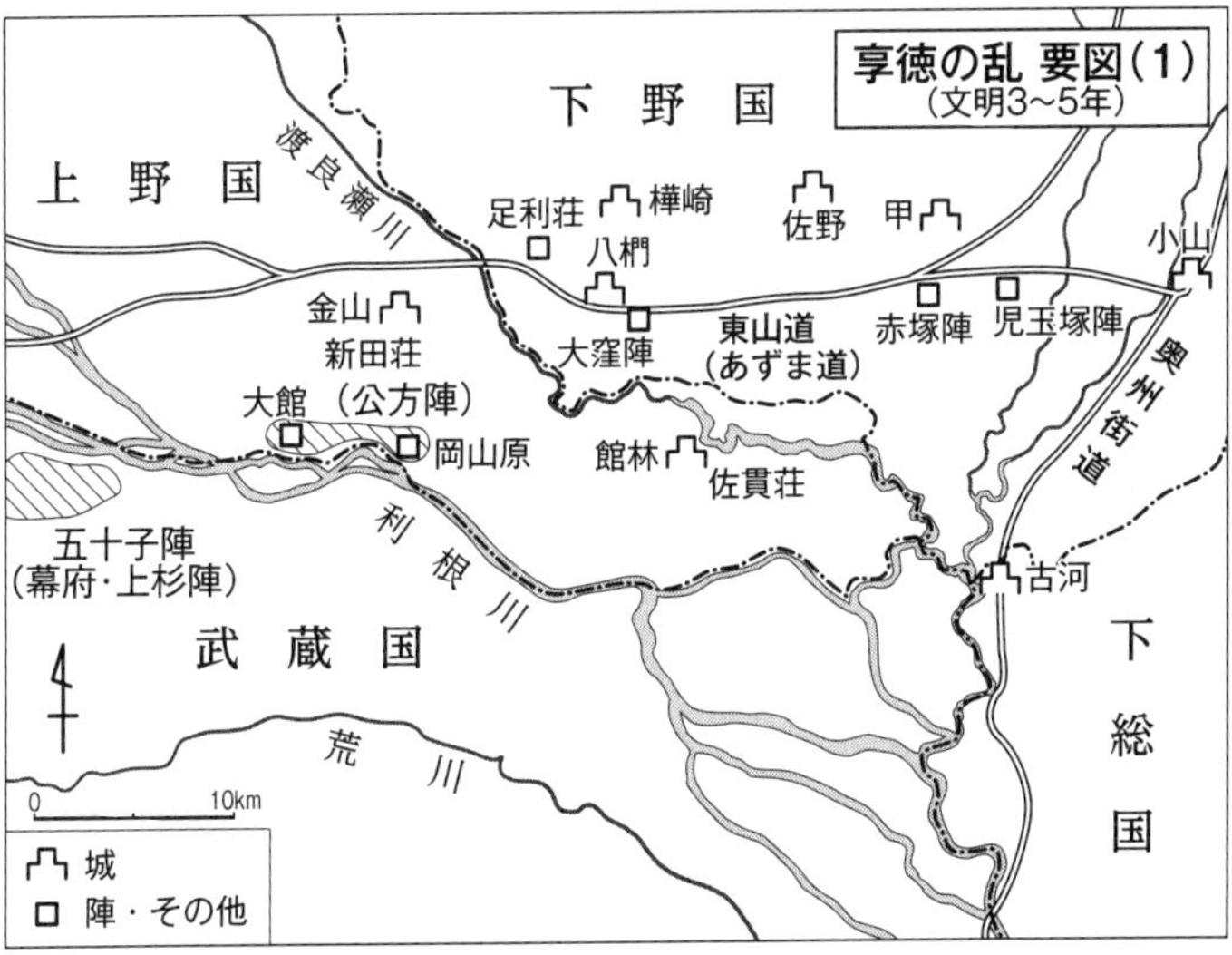

長尾景信の配下に属した新田岩松軍の横瀬国繁と松陰は、この地の状況を知っているとの理由で佐野氏の家臣山越氏（すでに味方に寝返っていた）を八椚城の搦め手（北の落口）に配置した。その他の手勢で東南西三方から攻め寄せたところ乱戦となり、双方に死傷者が出た。山越は「御弊《ついえ》を以て」（疲労につけこんで）敵を北の麓に招き落とし、前記の城衆の大将以下をほとんど討ち取ったという（松）。

　これに続いて、佐貫荘館林城に押し寄せて陣をとった。

> その後、佐貫庄館林城に向かい指寄せて陣をとる。彼城主は舞木方の被官赤井文三・文六これ也。
>
> 彼城の地湖水三方を押し廻り責口一方なり。長尾左衛門尉（景信）父子、同舎弟忠景、太田道灌以下

武・上・相の諸家都合六千余騎、東北二方これを巻く。西南二方の湖水これを余す。古河・結城・佐野・小山下方皆もって海を渡り、夜々の入弓を押し留めんがため、かの水路西面の陸地篠崎という地に諸家順番に夜々陣を張る。その後夜中の舟行これを止む。その後ようやく城中退屈し降参の由懇望す、城中より赤井信濃入道惣代官として出仕し落居しおわんぬ。（松）

この城主は佐貫一族舞木氏被官の赤井文三・文六で、城の「地利」（地形）は湖水が三方を取り囲み攻口は北の一方であった。長尾景信・景春・忠景、太田道灌と武蔵・上野・相模の諸家六千余騎は東北二方を取り囲み、西南二方を余していたので、公方方の結城・佐野・小山下方（小山持政の別家）などの援軍は湖水を渡って城に救援に入った。

この毎夜の「入弓」（援軍）を阻止するために、水路の対岸、西表（東表か）の陸地（篠崎）に諸家順番で見張りをし夜中の舟行を止めた。その後に「城中退屈」（士気の衰え）によって城主の赤井信濃入道が総代官として開城した。八十余日の張陣で、この間、横瀬国繁は「歓楽」（病気）で輿に乗って参陣していたが養生のために中途で帰陣し、子息成繁が代わって大将として張陣した。松陰は成繁とともに主君新田岩松家純の代官として張陣していたという。

その後、上杉軍は東の赤塚陣に移動し、甲城《かぶと》を攻めている。

先年、長尾々張（忠景）佐野庄に向かい赤塚に出張す。武・上の諸家三千余騎、甲の城に向かい差し寄す〔阿戸城とも云なり〕。彼の城、その山高く聳え、絶頂は見えず。磐石半崖に懸り、経路これを踏み、廻険難孤絶の地を廻るなり。人力をもって輙《たやす》く攻め包むべからず。然れども佐野伯耆守（盛綱）一夫当関番卒開かず、長尾々張守三千余、終日相控え瞠《にらみ》見て本陣赤塚に馬を返す。誠に一夫当関、番卒帰る者をや。其上赤塚に地の利を取り、被官矢野・駒形以下数百余人楯籠りおわんぬ。（松）

甲城（別名阿戸城との頭注がある）の所在地は、現・栃木県栃木市岩舟町の岩舟山と推定され、山の北麓の鷲巣集落の小字名に「兜山」がある。岩舟山の山頂には現在は天台寺院高勝寺があり、全山岩山で中腹は砕石場となっている。陣所の赤塚から二キロメートルほどの地域で、この陣所から出撃して攻撃したことになる。

甲城の名は、その山容に由来すると思われる。この城に佐野伯耆守盛綱が立て籠もり、佐野荘赤塚から長尾忠景軍三千余騎が出撃したが険阻な城ゆえに攻め落とすことができず、長尾軍は引き返し、赤塚陣に被官の矢野・駒形以下数百人を置いて甲城よりの敵の出撃に備えさせたという。なお、『松陰私語』の頭注にある「阿戸城」は、佐野市北方にある別城である。この頭注は後世の書写者の後注と考えられる（甲城の現地比定については北爪寛之氏〔当時、国学院大学院生〕が現地調査をおこない、そのご教示を得た）。

児玉塚陣

幕府・上杉軍は小山氏などを加えて児玉塚に張陣した。

齋藤慎一氏は「鎌倉街道上道と北関東」において、児玉塚を大平町西水代字小玉（現・栃木県栃木市）に比定している。永野川―巴波《うずま》川水系の西岸の台地上に位置し、東の小山、南の古河へと遠望のきく地である。

およそ八十年前、小山義政の乱のとき、義政追罰に向かう鎌倉府軍に属した武州白旗一揆の塩谷九郎入道行蓮は、永徳《えいとく》元年（一三八一）四月に天命（現・栃木県佐野市）・岩舟山（現・栃木県栃木市岩舟町）から「小玉塚」（児玉塚）にいたり、さらに本沢河原（現・栃木県小山市上泉）に進陣し、小山鷲城を攻撃している（「中村直勝博士蒐集古文書」）。児玉塚の地は東方の小山・古河に向けて張陣するのに好都合の立地条件を備えていたのである。児玉塚がある西水代郷は中泉荘の一郷で、享徳の乱の時期には小山氏の領有下にあった。その点で、小山氏が上杉軍を招き入れるのに好都合であったと思われる。

なお、齋藤氏は、鎌倉街道上道を途中から北上して長井の渡しを越えて「奥大道」にいたるとしている。長井の渡しを渡り、新田荘から中世東山道に入り、下野から陸奥にいたる通路を「鎌倉街道上道下野線」と命名して、その交通状況を集団の軍勢移動と個人の旅人とに分けて分析した貴重な成果である。

このなかで、軍勢の移動については、

①南北朝内乱期における北畠顕家の奥州からの進撃路
②小山義政の乱における鎌倉府軍の西からの小山氏攻撃ルート
③享徳の乱における幕府・上杉方の進撃路

に着目し、享徳の乱では上州一揆の赤堀氏の転戦や『松陰私語』に記された児玉塚陣などの史料をもとに検討を加えている（ただ、齋藤氏は内乱初期における赤堀氏の転戦と文明三年［一四七一］における児玉塚陣をともに、内乱初期の過程とする誤りを犯しているが、主張の論旨には直接の影響はない）。

さて、このときの新田岩松軍の進路は、足利荘鑁阿寺《ばんなじ》衆徒中から鑁阿寺南大門二本杉において巻数《かんず》（戦勝祈願の経典）を請け取り、只木山を越え、佐野天命宿に陣を取り、ここから児玉塚陣に使者を送る。ここで天命の上の山中にある、佐野盛綱の籠もる佐野城（唐沢山城）を取り囲み、横瀬国繁らの働きで佐野城に圧力を加えてその行動を封じてから児玉塚陣から撤収する本隊と合流した。このコースは中世東山道をたどるものである。

一連の軍事行動において、足利荘の赤見・樺崎両城、佐貫荘の館林・舞木城などが落城し、古河公方方の戦線は一時的に崩壊状況となった。危機を感じた足利成氏は一時的に古河を退去し、船で下総本佐倉の千葉孝胤のもとに逃れることを余儀なくされる（「御内書符案」）。

児玉塚陣といわれるこの作戦だが、幕府・上杉軍は足利成氏をいっとき古河から追い落としていちおうの軍事的目的を達したものの、佐野盛綱の粘り強い抵抗に退路を断たれる危険を感じ、陣を引き払って五十子に帰陣した。

文明四年、利根川をはさむ公方・幕府軍の対陣

けっきょくのところ古河城が攻め落とされたという確かな史料はなく、成氏は一時古河城を離れたものの、城は落ちなかったと考えてよい。まもなく、成氏は古河城に戻り、結城・那須・茂木氏らの支援を得て態勢を立てなおして反撃を開始する。

文明四年（一四七二）春に古河を回復した後、成氏は常陸・上総・下総・安房・下野・上野の大軍（結城・小山・那須・宇都宮・佐野・佐貫氏など）を率いて足利荘に発向した。この小山氏は「小山下方」と記されており、小山持政とは別系の庶家の小山氏であろう。さらに、五十子陣にたいして大手は新田荘の大館河原・郷八幡河原、搦手は佐貫荘岡山原に及ぶ利根川の北岸の地域に布陣した。

公方本陣の置かれた場所は、大館郷内の大館河原とこれの東に接する大館郷鎮守の大館八幡宮の河原、すなわち利根川の北岸の自然堤防上と考えられる。ここを西の端として亀岡・堀口・牛沢・高林

『松陰私語』『太田道灌状』に見える
陣・城 地図
上野国
下野国
下総国
武蔵国
上道
東山道
渡良瀬川
利根川
神流川
荒川
入間川
堀兼道
河越道
白井陣
水澤
漆原陣
引田陣
細井口陣
広馬場陣
堀越
片貝陣
長野宿所
東上野陣
白岩
観音寺原
今村城
小浦方郷
嶋名陣
阿内陣
師嶋
田中
滝陣
富塚城
穂積原
金井城
角淵河原
武士城
八幡河原
大館郷
三蔵城
五十子陣
榛澤陣
岡部原
児玉
金鑽談所
別府
大谷陣
藤田
塚田陣
鉢形城
高見陣
太山陣
竹澤
須賀谷城
松山陣
青鳥陣
高佐須
大森陣
秩父陣
越生
苦林陣
勝原
井草陣
多野陣
日野城
浦山河
浅羽陣
上戸陣
河越城
膝折宿
桐生
足利陣
金山城
勧農城
八椚城
矢場
今熊野山
大窪
只木山
大蔵
春日岡
佐野城
甲之城
児玉塚陣
天命宿
赤塚陣
館林城
篠崎
長井城
須賀
羽生峰陣
向古河
古河
成田陣
忍城
久下陣
0
10km
城
陣・その他
『松陰私語』『太田道灌状』陣・城一覧より、
現在の群馬・栃木・埼玉県域の陣・城を記載

＊北爪寛之氏作図を補訂

（以上、新田荘）と古戸・仙石・古海（以上、佐貫荘）にいたり、仙石・古海から岡山原に及ぶ。この大手と搦手の間は「二十五里」（実際の距離は八キロメートル）で、五十子陣と大館・岡山原陣の間は利根川を隔てて「十里」（実際の距離は三キロメートル）と記される。

たいする五十子の布陣はどうか。

関東管領上杉氏（房顕、病没後は顕定）が「天子の御旗」（錦旗）を奉持し、岩松家純は京都公方（将軍足利義政）の御旗本となっている。

さらに幕府から派遣された桃井讃岐守・上杉一族（上条・八条・扇谷・庁鼻和）や武蔵・上野・相模の合わせて七千余騎が、五十子とその周辺の榛沢・小波瀬・阿波瀬・牧西・堀田・滝瀬（以上、現・埼玉県本庄市）・手計河原（現・埼玉県深谷市）などに展開した。

五十子在陣衆は手計河原から利根川を越えて出撃し、「勝劣未定の大陣」「天帝修羅の戦」の様相を示したと記されている（松）。なお、この陣のなかに横瀬氏の本貫地の横瀬郷（新田荘、深谷市）があり、新田岩松家純の活動を支えた。

このとき、岩松家純は金山城に家臣の横瀬国繁・成繁父子や伊丹・金井・沼尻・武正・岡部・田島・小野沢氏、「当家之門葉」（一族）の新野出羽守・渋河能登守・綿打左近将監・西馬之助・田中民部少輔・高林入道などを立て籠もらせた。

金山在城衆のゲリラ的活動

彼ら金山在城衆は、北から古河公方の背後を突き、以下のようなゲリラ的な活動をおこなった。

①朝懸・夜討
②糧道遮断
③遠国から金山城下を往復する軍勢・人夫雑人の討留め
④陣下の通路遮断
⑤草に伏しての通路遮断（忍者の待ち伏せ）
⑥雲雨を利して敵陣の旅泊を襲い武具・乗馬を奪取する

敵の大軍になんらの功績をあげさせることもなく七十日余の張陣で撤退を余儀なくさせたと松陰は在城衆の活躍を評価している。また、松陰自身は五十子陣と金山城のあいだの利根川を我慢して渡り往復したという。

にもかかわらず、公方の大館河原張陣中に、横瀬氏をはじめとする金山在城衆が公方方に通じているとの「讒言」を唱える者があり、その「巷説」（噂）が五十子陣下に広まった。

「当屋形父子」（岩松家純・明純）はそれを否定したが、「大途《だいと》」（関東管領上杉顕定の呼称）は裏切りをしない「験」（保証）を求めたので、松陰は金山城におもむき横瀬国繁と密談し、国繁と宗稟（横瀬繁国、国繁の弟、金井氏に養子に入る）の「足弱」（老幼婦女子）を五十子陣下に「進上」（人質に出す）することで決着がつけられた。翌朝、この「足弱」たちが馬に乗って五十子陣下の金井伊賀守陣所に送り届けられて陣中は平穏になった（松）。

「大途」という呼称

この一連の記述で、上杉方の顕定が「大途」と称されていることに注目しておきたい。「途」とは道の意である。大途はのちの本格的戦国時代に小田原北条氏の当主がこのように称したことが注目されているが、もともとは「天子の御旗」を奉じて公方に対抗する幕府軍の最高軍事指揮官たる上杉顕定が五十子陣中でこのように称されていた。

木下聡氏は、顕定（それ以降の山内上杉氏も含めて）が官途を請け、あるいは称さなかった原因を「天子の御旗」を奉じて享徳の乱を戦い抜いた軍事指揮権、すなわち関東管領職の保有によると推定している（「山内上杉氏における官途と関東管領職の問題」）。そうであるならば、この「大途」もこのような権能をもつ関東管領上杉顕定にたいする称号であったと解され、その称号がのちに北条氏に引き継がれたものであろう。京都・鎌倉の公方はともに「大樹《たいじゅ》」と称され、「大途」はそれに対応する管領の呼称なのである。

2　長尾景春の反乱と太田道灌

家宰職をめぐる恨み

児玉塚陣の翌々年にあたる文明五年（一四七三）六月、山内上杉氏の家務職（家宰、執事）として管領方を支えて奮闘してきた白井長尾氏の景信が没した。

お定まりのように後継をめぐって一族間の紛争が生じる。その間の事情を『松陰私語』は次のように記している。

山内（上杉）家務の事、寺尾入道・海野佐渡守相談し、長尾尾張守（忠景）に申成し、これによって景春述懐し、武・上・相の中において景春同道の被官の者共、尾張守に対し欝憤を含む者二、三千余、国家において蜂起・充満す、五十子陣下へ出入の諸商人の往復通路を指し塞ぐ、或は路地に戦い、或は村里・家々・村門に鬩《せめ》ぎあうこと其の際限を知らず……。

山内上杉氏宿老の寺尾入道と海野佐渡守が相談し、家宰職を嫡子景春には継承させず、景信の弟である忠景（養子入りして惣社長尾氏の当主）に継がせてしまったというのである。景春は白井長尾氏の嫡男として家督を継ぐだけでなく、家宰となることを当然期待していた。しかし、どうやらその性格が主家や一族中でとかく問題視されていたらしい。けっきょく退けられて家宰の地位は叔父に奪われた恰好になった。

長尾氏は、従来惣社長尾氏が惣領的地位にあって上杉氏の家宰職を継いできたが、白井長尾氏に景仲が出るに及んで、その地位に就いて子息景信がこれを継承した。しかし本来の惣社長尾氏に戻すということで忠景への継承を決断したと考えられる。これを深く恨み、怒った景春は反乱を決意する。

景春挙兵

文明七年（一四七五）、景春はみずからの軍勢を率いて武蔵鉢形城に引き上げた。五十子陣には動揺が走り、陣を引き払う者も出た。

文明八年（一四七六）六月、景春は五十子陣を包囲襲撃すべく挙兵する。

白井長尾氏は景仲以来の武蔵守護代、家宰として山内上杉氏を下から支えてきた。古河公方と対決し、国人・一揆層の先頭に立ち、この階層の利益を擁護しつつ結集を図ってきたその実力には大きいものがある。景春に与同する勢力には、

長尾氏系図

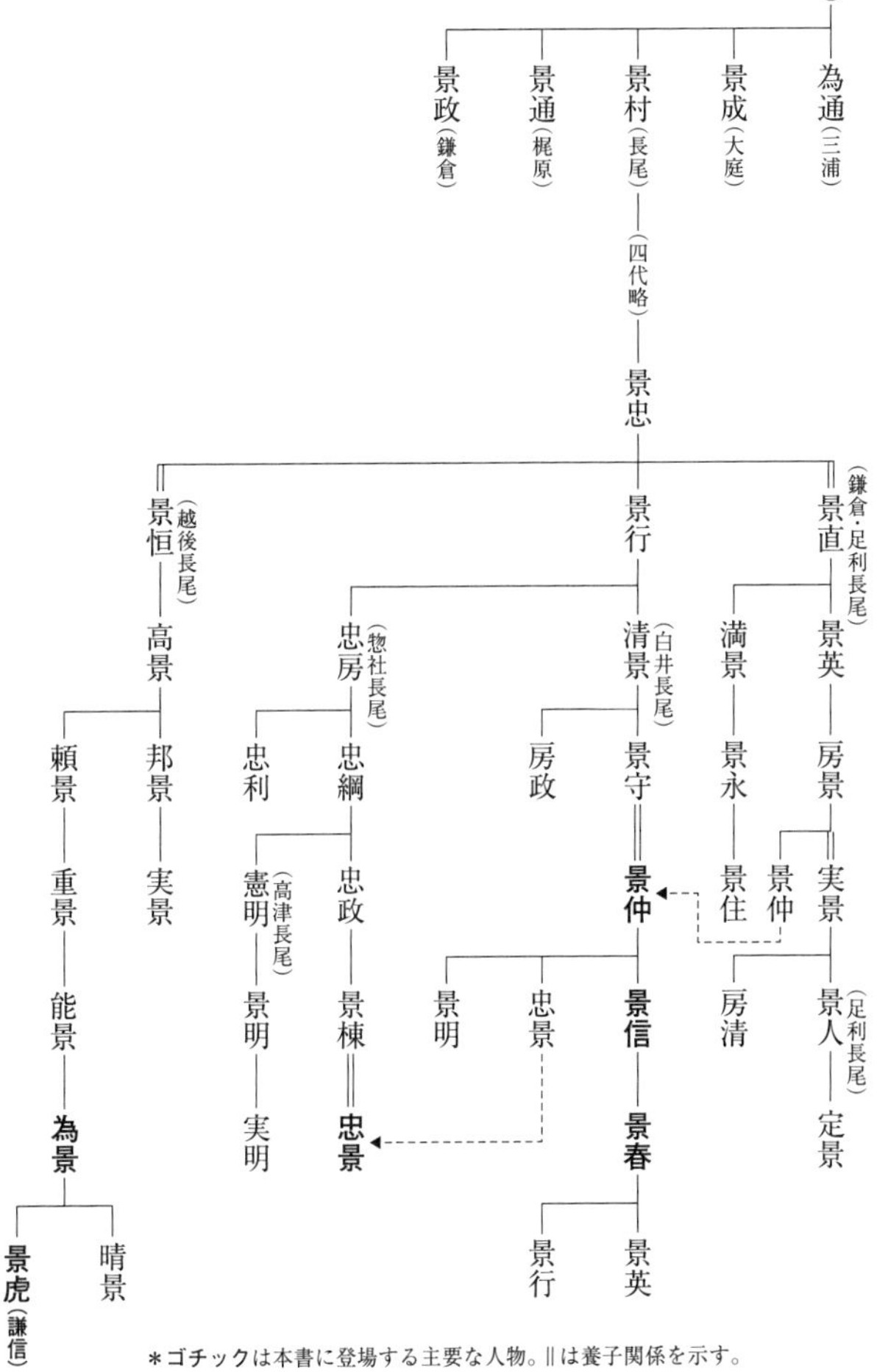

＊ゴチックは本書に登場する主要な人物。‖は養子関係を示す。

下総……千葉氏
上野……長野氏（上州一揆旗頭）
武蔵……豊島氏
相模……溝呂木氏・越後氏・金子氏・本間氏・海老名氏
甲斐……加藤氏

などがあり、その他、景春被官の宝生寺・矢野・吉里などの各氏が知られる（松）。かなり広汎な蜂起であった。

五十子陣の崩壊

景春の反乱によって、いまや五十子陣への補給路は新田口（利根川渡河ルート）を除いて遮断されてしまった。

文明九年（一四七七）正月十八日、景春は大軍を率いて五十子陣を襲った。この襲撃には、上杉陣のなかからの内応者も少なからずあり、景春軍の圧倒的な勢力を前に、大反撃をすることもなく五十子陣はあっけなく崩壊してしまった。

越後上杉氏（房定）は、利根川・吾妻川合流点の白井（現・群馬県渋川市）に、山内上杉氏（顕定）

は阿内（現・群馬県前橋市南部）に、「河越」（扇谷上杉定正）は「細井口」（現・前橋市市街地の東北部）に、そして新田岩松氏（家純）は金山城にそれぞれ撤収した。

ここに十八年におよぶ五十子陣は崩壊し、幕府方の本拠地は解体を余儀なくされた。

太田道灌

ところで、長尾景春は反乱の前に、ある武将に相共に蹶起することをうながした。太田資長である。というより、号で太田道灌といったほうがみなさんご存じだろう。いうまでもなく江戸城を築いた人物である（第三章3節も参照）。

太田氏は扇谷上杉氏の家宰であり、江戸城を中心に武蔵東部に勢力を有した。享徳三年（一四五四）の成立とされる鎌倉府の有職故実書である「殿中以下年中行事」（別名「成氏朝臣年中行事」）には、「管領被官人中之宿老」として、長尾・大石・太田・上田の四氏が記され、関東管領上杉氏の有力家臣のひとりとしてあげられている。長尾・大石氏は山内上杉氏、太田・上田氏は扇谷上杉氏の家臣である。

道灌の父資清（道真）もすぐれた武将であった。しかし、道真は主君扇谷上杉持朝との関係が悪化して引退を強いられる。以後、表立っては息子の道灌が活躍することになる。ただ、世に道灌の名のみが多く語られているが、その背後には常に道真がおり、むしろ父子一体の活動ととらえてよいと思う。

ともあれ長尾景春と太田道灌は上杉氏の家宰という同じ立場であり、道灌のほうが一まわりほど年長ながら以前から親密な友人であった。

山内上杉氏の家宰になれなかった鬱憤を語る景春。道灌はそのなだめ役となった。しかし、景春がともに起つことを要請してきた段階で、道灌はそれを拒絶、以後は敵味方に分かれて戦うこととなる。

豊島氏の滅亡

道灌の主敵は景春方の豊島氏となり、激戦が展開された。豊島泰経・泰明兄弟が武蔵東北部の石神井城・練馬城などに拠りながら、上杉・太田方の河越城と江戸城を結ぶ通路を遮断する役割を果たしていたからである。

『太田道灌状』によれば文明九年（一四七七）四月十三日、道灌は江戸城から出陣し、まず豊島勘解由左衛門尉（泰経）・平右衛門尉（泰明）の出城を攻撃したところ、兄弟は、石神井・練馬の両城から打って出て太田軍を襲撃しようとしたので、江古田原（現・東京都中野区）で合戦して平右衛門尉を討ち取った。

翌日に石神井城を攻め、「先忠に復す」（扇谷上杉氏への帰属）を理由に勘解由左衛門尉との和平にもちこんだ。しかし、城郭を崩す（城割り）問題で和解が破棄されて城は攻め落とされた。ここに名族豊島氏は滅亡することとなり、太田氏の支配領域が著しく拡大された。江古田原合戦については、八巻孝夫氏による「豊島氏の城郭についての覚書」「江古田原合戦新考――太田道灌対豊島兄弟の戦い」という詳細な研究があり、石神井川の南岸に接して練馬城があり、その南に並行して流れる江古田川に接して、この合戦の死者を祀るとされるいくつかの塚の存在を明らかにしている。

なお、『太田道灌状』の冒頭では、乱中に一時敵方となった大串弥七郎・毛呂三河守・小宮山左衛門太郎などの同情すべき点が述べられている。また、その赦免を要請し、ついで各地への転戦の功績について叙述している。

なお、相模では景春被官人の溝呂木氏がその本拠地に、越後五郎四郎が小磯（現・神奈川県中郡大磯町）に、金子掃部介が小沢（現・神奈川県愛甲郡愛川町）にそれぞれ城郭を構えていた。道灌はこれらに攻撃を加えて落城させた。

針谷原合戦

幕府・上杉方の分裂抗争は続く。文明九年（一四七七）五月八日には、山内・扇谷両上杉軍と長尾景春軍が武蔵北部の針谷原（現・埼玉県深谷市）で激突した。

同五月八日武州針谷原において合戦、山内・河越同心なり。景春には当国中一揆旗本長野左衛門尉為兼同心、その日の合戦、山内には大石源左衛門尉討死、景春方には長野左衛門尉討死、その外両方の死者その際限を知らず。山内は勝合戦の故、鉢形へ馬を入れられ景春は敗軍しおわんぬ。河越は江戸へ馬を入れられおわんぬ。（松）

この合戦はまさに死闘であった。

上州一揆の長野為兼が景春軍に属して討死し、上杉方では武蔵守護代家の大石源左衛門尉が討死して双方に多くの死傷者が出た。長野氏も武蔵大石氏も本来は、山内上杉氏の傘下の武将であったが、この合戦では敵味方に分かれて討死している。ここでの敗北は景春方にとって決定的なものであった。敗れた景春は鉢形城を放棄して上野・武蔵・相模の各地でその後も抵抗を続けることになる。

新田岩松氏、古河公方方へ

さて、針谷原の合戦の直後、金山城の新田岩松家純は幕府・上杉方から古河公方方へと鞍替えする。新田荘など本領回復を実現したこと、長尾景春の反乱などによって幕府・上杉方が分裂したことへの失望感などがその行動に走らせたと思う。当然、古河公方からの政治工作もあったことだろう。

家純は幕府・上杉方に属して新田荘や旧来の所領を回復して得た知行権を公方方に認知させること

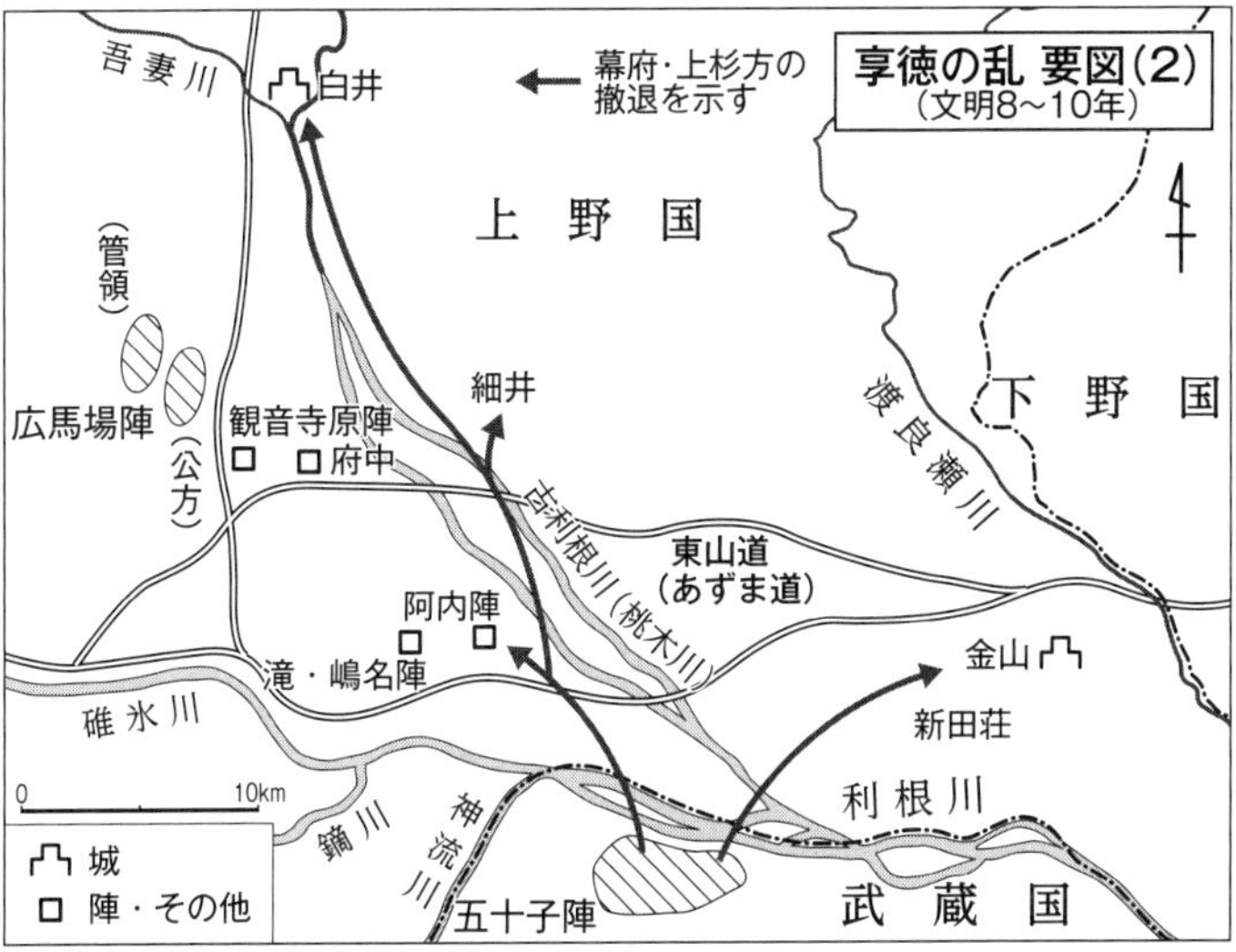

を条件に寝返ったのであるが、嫡子の明純はこれを拒んで幕府・上杉方に留まった。家純は息子を義絶し追放する。

嫡子の追放は、一族家臣の団結を誓った「神水三ケ条」という新田岩松氏の盟約に背いたということで、やむをえない措置ではあったが（松）、家純が没した後に孫尚純が家督を継ぎ、やがて家宰の横瀬氏と対立して勢力を奪われたことを考えると、新田岩松氏の衰亡の一要因となったと考えられる。

滝・嶋名陣

長尾景春の反乱によって五十子陣が崩壊し、新田岩松氏の帰属など新たに有利な情勢の展開となった足利成氏は、景春と結んで幕府・上杉方の拠点上野西部を攻撃するための軍事行動を起こす。滝・嶋名陣（現・群馬県高崎市東部）、さらに観音寺原（現・

高崎市）から広馬場原（現・群馬県北群馬郡榛東村）への出陣である。

その後程なく上州御進発、滝・嶋名を打ち廻りて御張陣、供奉の御勢八千余騎、当方（岩松）は以前申定めの如く、上意によって時日を廻らせず馳せ参陣す。公方御陣下右の手崎、其間三里ばかりに押し寄せて張陣す。五百余騎・歩卒三千余人、当手出陣の当日源慶院殿（家純）御見物あり。（松）

この滝・嶋名陣については、高橋浩昭氏の研究「足利成氏の滝・島名御陣」がある。当時、上野・武蔵をつなぐ主要道である鉢形・五十子・角渕（現・群馬県佐波郡玉村町）・惣社・白井（現・群馬県渋川市）というルート（『梅花無尽蔵』）の角渕と惣社の中間点に滝・嶋名は位置する。近くに井野川が流れ、水運・陸運の要衝。まさに幕府・上杉方の五十子と惣社・白井を分断する位置にあった。近接する玉村御厨は、足利成氏と結ぶ長尾景春が被官の吉里氏を配置して（「角渕八幡宮縁起」『太田道灌状』）、現地の土豪田口氏を支配下に組み入れていた（「田口文書」）。さらに新田荘の岩松氏が足利成氏方に転じたことによってその補給路が確保されたと分析している（高橋氏前掲）。

景春の反乱によって五十子陣はすでに崩壊し、上杉顕定・定正は阿内（現・群馬県前橋市）、上杉房定は白井に退き利根川東北岸（「河内」という）を確保するなかで、公方軍は利根川西南岸の滝・嶋名に長期の張陣になったのである。

岩松氏（大将横瀬成繁）の出陣に当たっては家純が見送っている。この出陣は、岩松氏が公方方に転換して初めての出陣であり、これによって新田荘の知行権を安堵してもらう機会でもあったので、公方の奏者を三人も取り替えながら松陰が折衝して、利害の衝突する鳥山式部大夫には隠密に事を運んでこの目的を成就したのである（第二章2節参照）。

広馬場陣

滝・嶋名陣は文明九年（一四七七）七月から十二月にわたる長期対陣であったが、さらに公方は十二月二十三日、府中観音寺原を経て、榛名山東麓の広馬場原に進出し張陣した。これが「広馬場陣」といわれるものである。

その後、公方御旗を府中観音寺原に進めらる。十二月廿三日なり。上杉両家同時に打ち立ち、水沢・白岩の麓へ打ち下る。公方御旗打向いて張陣す。その勢五千余騎、公方の御勢は八千余騎、当方五百余騎、今日御合戦に初合戦を申し請くる処なり。公方の御旗は、その手崎に敵陣方に俄かにて吹き靡かす、実に吉の占相なり。御方の勝つべき事は決定なり。公（足利成氏）・官（上杉顕定）両陣その其間二里計りなり。切所を隔て打向う両陣の形勢を打ち廻りて見渡すに、本朝無双の塁陣なり。その躰たらく誠に刀剣が銀山を動かし、矛・盾が鉄壁を論ず。往昔源平両家戦場これに過ぐべからずと各思い勇む計《ばかり》なり。大軍の備、当国広馬場の原なり。その原狭しと打ち詰めて、初合戦当手申定むる処なり。（中略）かくの如く時刻移る間、大雪俄かに降りて、夜陰に及ぶ間合戦なく、その夜山内・扇谷両家より、簗田河内守に属し、都鄙御一和の義、執り持ち申し達すべきの由申し上げらる。上意年来御競望の間、会壺《えつぼ》思し召さる故、翌年正月二日武州成田へ御旗を廻さる。（松）

これに対抗して両上杉方は西北方の水沢（現・群馬県渋川市伊香保町）・白岩（現・群馬県高崎市白岩町）の東麓に張陣した。両軍の間は「二里」（八キロメートル）と記されているが、実際の距離は一〇キロメートルほどであろう。榛名山の相馬山から東南東の方向に流下する八幡川・染谷川などの河川を、ほぼ南北に越えていく箕輪から白井に抜ける榛名山麓の山裾を通過する交通路の周辺での東西対陣となったと考えられる。この地域は、南東の上野府中（惣社長尾氏）、北の白井（白井長尾氏）など幕府・上杉方の中心拠点を脅かす地であった。

この対陣には、新田岩松氏からは横瀬成繁が率いる五百余騎が参陣し、成氏方として「爰元（岩松氏）の故実、兵無双の構」ということで、楯をつき並べ一つひとつの楯の両側に弓矢と大刀を配置し、矢戦から太刀打ちの白兵戦に備えるという陣形を取ったという（松）。

大雪という「天の裁き」

「広馬場陣」は翌年正月二日までの対陣となった。この間に大雪に見舞われ両軍とも戦闘不能に陥り、幕府・上杉方は成氏の重臣簗田持助を介して和平を申し入れ、足利成氏はこれに応じて関東における古河公方と幕府・上杉方の現地和平が実現し、足利成氏は武蔵の成田（現・埼玉県熊谷市）に撤退した。その後、成氏方は松陰らの助力によって長井渡で利根川を渡河し、足利を経て古河に帰陣している。

この大雪は、両軍の現地での和平をもたらした「天の裁き」ともいうべきもので、両軍将兵とも長期対陣の疲労もさることながら、大雪という自然現象に追随し、兵を引いたのである。このように大地震で始まった享徳の乱は、大雪によってひとまず現地和平が実現したのである。

戦没者の供養と板碑の造立

関東中に戦乱が拡大し、多くの合戦がおこなわれると当然のことながら多くの戦死者が出る。死者を埋葬・供養するために関東地方では、板碑《いたび》という緑泥片岩（埼玉県の秩父《ちちぶ》郡長瀞町《ながとろまち》と比企《ひき》郡小川町《おがわまち》産）製の供養塔婆を建てる習慣があった。グラフを見てわかるように、この習慣と碑の形式は、鎌倉時代前半の十三世紀前半に始まる。そして南北朝時代の十四世紀後半（六〇年代）に建碑のピークに達し、そこから十五世紀前半にかけて急速に衰える。

ところが、享徳の乱の起こった十五世紀後半に突如盛り返し、その後一挙に衰退する。この二度目のピークの原因は、享徳の乱による武士戦死者の増大にあることはまちがいないだろう。と同時に、戦乱のなかで結束を強めた地域住民が平穏を求め、ふたたび板碑の集団造立（結衆板碑）に向かったことが挙げられると思う。この点、さらに検討を深めてみたいと思う。

3　和議が成って……

太田道灌の金山城訪問

公方方と幕府・上杉方の和睦は、戦陣に疲れた武将たちにも安息の日々をもたらした。

『松陰私語』第三巻は、宮内庁書陵部本、新田家本（群馬大学所蔵）、その他の諸本とも本文はなく、欠巻であるが、第三巻の目録のみは存在している。その後半部のなかに太田道灌と金山城主横瀬国繁や松陰との交流などを示す次の二十項目の記述がある。

■板碑（東京都日野市平山）

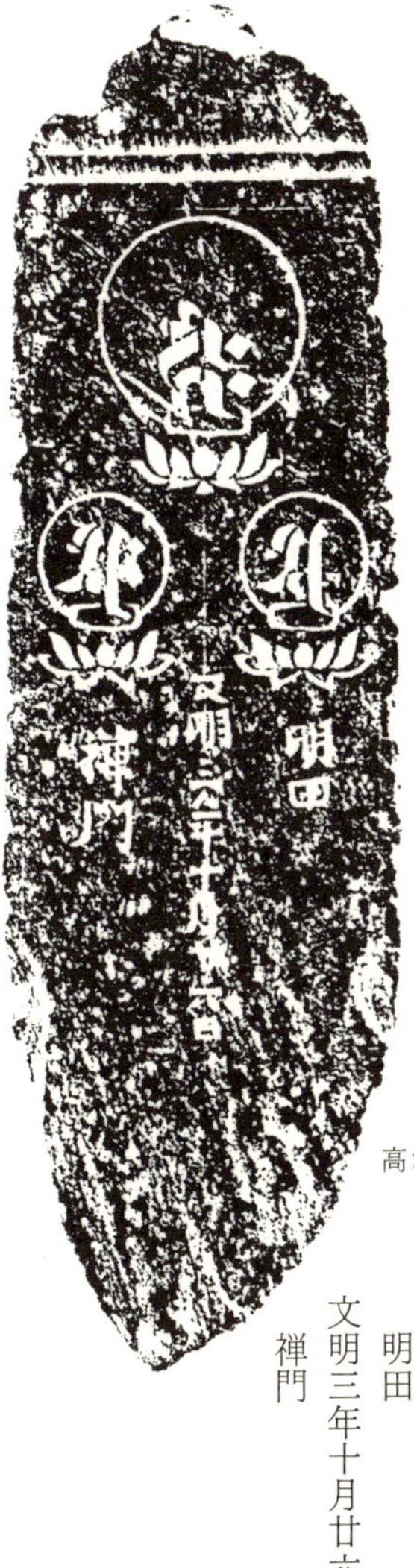

高さ 71 センチ　幅 21 センチ

明田
文明三年十月廿六日
禅門

■埼玉県の板碑 年代別分布

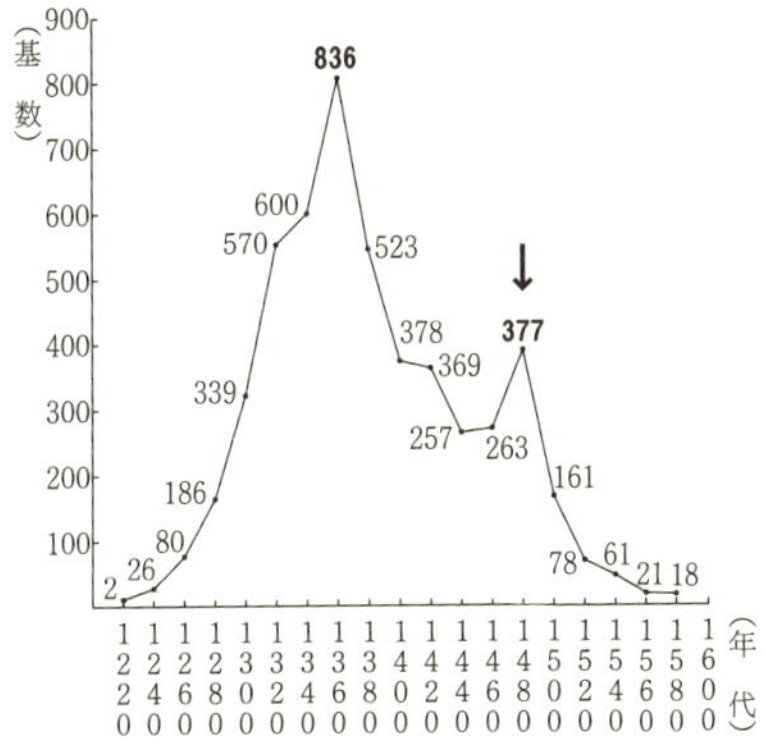

（『板碑―埼玉県板石塔婆調査報告書』I　本文・図版編による）

・太田道灌入道、武州別府陣張陣の上、金山に招かれ上る事
・世良田新要害中に雑説の事
・世良田地利執り退けらるべき事
・宗悦《（横瀬国繁）》入道と才覚角の事[*1]
・一書をもって別府の道灌陣に申し遣わす子細の条々事
・横瀬国繁、道灌対談所用の事
・道灌陣所に書札と雪花百抱これを遣すの事
・道灌、金山に返札を越すべきの事
・道灌、金山に越すべき日限を相定め、看両度十駄越す事
・道灌、金山に両三日淹留し、飛鳥井手跡の歌の題の外、兵議の雑談一度もこれなきの事
・松陰相対して兵書以下の雑談の事[*2]
・道灌滞留両三日の中、金山四方ただ一度見物し、近比明城の由褒美の事
・道灌帰陣す、国繁今井大橋の向い迄門送りす。互に名残を惜しむ為躰《ていたらく》の事
・雅楽助以下二十騎計り、間々田舟端まで門送りの事
・成繁、中間一人召具し、道灌陣下迄供奉するの事

・成福寺（松陰）、当方の御難義等走廻り及ぶと国繁申上ぐる事
・大鵬九万と斥鷃一笑の事
・山内の計議一揆出陣相止め、当庄安詮の事
・長尾景春退治のため、道灌下総国へ出陣の事
・道灌、金山に越えて国繁と対談す、その謝として当方は道灌に合力し二百余騎下総出陣の事

＊1頭注に「国繁」とあり

＊2「松陰相対して兵書以下雑談事」の項目に以下の頭注記載があるが、これは、当時存在した別本からの本文記述の転載と考えられる。

足利能化越され、万端不知と計らい申され雑談一向欠けたり、十三経五子三史の巻数を問う。覚えずと返答す。三五日相留り返ると申され候。それは知らざるにあらず、学の際限を深く執る申し、御尋の間申候。易・尚書・毛詩・礼記・左伝、五公羊・穀梁、謂七経、周礼・義礼九経、論語・孝経十一、老子・荘子共十三経也と。五子ハ揚子・老子・荘子・孟子・荀子、三史は史記四十巻、漢書百巻、後漢書百二十巻と答えおわんぬ。道灌奇特の由褒揚するのみ。

これらを総合すると、太田道灌と金山城の関係は次のようになる。

最後のほうに道灌の下総出陣があり、これが文明十年（一四七八）から翌十一年のことであるの

で、道灌の金山城訪問は文明十年のことと推定される。

太田道灌が新田領の利根川対岸にある武州別府陣にあったとき、松陰と宗悦（由良国繁）が「才覚」（相談）して国繁が道灌のもとに書状と「雪花」（白い花模様の抱衣）百着を送った。道灌はその返報を送り、来る日限に合わせて肴を十駄、二度にわたって送った。

道灌は金山城に三日間滞在したが、話題は飛鳥井《あすかい》雅親《まさちか》の手跡や歌のことのみで、「兵議」（軍事）に関する雑談は一度もなかった。兵書などについて二人の雑談のなかで同席した足利の「能化」（寺の門主）が、古典漢籍の巻数を知らなかったのを、松陰が詳細に答えて道灌に褒められたという。滞在中に道灌は金山城を見物し、「近比明城」（近年の名城）と称賛した。

道灌の帰陣には、国繁は今井の大橋の向かいまで送り、子息雅楽助成繁が二十騎ばかりを引き連れ間々田の船端まで送り、成繁の中間一人が道灌の別府陣まで供奉した。道灌が長尾景春退治に出陣するとき、国繁は道灌の金山来訪の謝意を表するために千葉孝胤の下総臼井城攻めに二百余騎の兵を従軍させている。

この道灌の金山城訪問は、道灌の学才の豊かさを示すものでもあるが、その背後に太田氏と横瀬氏の同盟関係の強化という政治的目標があったと思われる。

この記事の時点は、享徳の乱の最終過程、五十子陣の崩壊後に足利成氏が上杉軍の主力を追って武蔵から上野に出陣し榛名山麓での対陣の後、文明十年正月明け雪の降るなかに両軍の和平が成立し、享徳の乱の関東での講和がひとまず成立した後と考えられる。

享徳の乱のこの最終段階では、上杉方（扇谷上杉氏の傘下）の太田道灌にたいして、横瀬国繁は古河公方方に属してこの対陣に参画していた。この和平成立後に道灌の金山城訪問という旧交を温める行動が実現したのである。その直後に乱後の現地処理として下総で千葉氏の紛争があり、その制圧のために道灌は出陣しその応援のために横瀬氏は軍勢を派遣している。つまり当時の政治状況とこの記録の記事とが一致するのである。

享徳の乱が起こると下総千葉に本拠をもつ千葉胤直（家宰、円城寺氏）は上杉方に立ち、馬加（幕張）に本拠をもつ康胤（家宰、原氏）は古河公方を支持して争った。その結果、康胤方が勝利して下総の過半を制した。敗れた胤直方の実胤・自胤は武蔵国東部の石浜・赤塚に本拠を移して前者に抵抗した。一方、別系の本佐倉《もとさくら》を本拠とする孝胤は古河公方方として活躍し、古河公方と上杉との和睦後も武蔵千葉氏を攻撃したので、上杉方は軍勢を派遣し、境根原、ついで臼井城の合戦で、これを滅ぼした。臼井城の合戦には道灌も参加し、弟の資忠《すけただ》はここで討死している。

文化人としての道灌

ともあれ、金山城になんとも文化的な時間が流れていたことをご紹介したわけであるが、太田道灌については、江戸時代中期に作られた『常山紀談』（作者、湯浅常山）に記された「山吹の里」の逸話があまりにも有名である。

道灌が武蔵のどこかで鷹狩に出かけた際に雨に降られたので、百姓家に立ち寄り蓑の借用を頼んだところ、出てきた女性が山吹の花を差し出すだけで、蓑は借りることができなかった。道灌は憤然として帰った。

ところが、それは、

七重八重花は咲けども山吹の
　実のひとつだになきぞ悲しき

という古歌の意であり、女性は「実の」を「蓑」に引きかけて、おのが家の貧しさを察してくれるよう断ったのだと後に知り、自分の文芸にたいする素養のなさを反省して精進に励み、文武両道の武将となったという。

さて、長尾景春の反乱より前の文明六年（一四七四）に、道灌は江戸城に当代一流の歌人にして連歌師である心敬《しんけい》を招いて、歌合の会をおこなっている。歌合とは、参加者の順番を決めて二人の対を決めて、決められた歌題によってそれぞれが歌を作成して判者がその優劣を決めるものである。ここに参加した十七人は、太田氏の一族・家臣、その他武将や僧侶などで、その作品が記録されている。

歌合のほかに、連歌もおこなわれた。連歌は招かれた歌人が、冒頭の五・七・五の発句を詠み、続けて七・七の脇句を詠み、これを一座でくりかえしていくものである。この二つは、当時は文芸と遊興の遊技として流行した。しかし、たんに遊興というだけではなくて政治的な交流の場ともなっていたのである。

江戸城には、このような場として南に静勝軒、東に泊船軒、西に含雪軒などの建物がある。その規模と風景に応じた社交場が形成されていたのである。文明十七年（一四八五）には漢詩文の名家万里集九が江戸城におもむき、ここに滞在したときの模様は『梅花無尽蔵』のなかに記されており、また道灌に依頼されて「静勝軒の銘詩ならびに序」という作品を作っている。

太田道灌作の和歌としては、

わが庵は松原つゞき海近く
　富士の高嶺を軒端にぞ見る

が有名である。しかし、この『慕景集』収載の歌は道灌の作品ではなく父の道真の作品であるという説が、近年有力である。

長尾景春の蜂起失敗の理由

さて、鉢形城を放棄してからの長尾景春の地位と動向はいかなるものであったか。景春の反乱は広汎なもので、秩父を拠点にして休むひまもなく各地に転戦するエネルギッシュなものだった。にもかかわらず、上杉氏体制をつき崩すことができなかった。その理由はいくつか考えられるが、次のような点が挙げられよう。

①長尾一族全体の蜂起というかたちをとらなかったこと

白井長尾氏の景春と対照的に、惣社長尾氏は上杉氏と完全に密着して体制擁護側にあった。そのため上野の国人は分裂し、上州一揆旗頭の長野氏などが景春方にあったにもかかわらず、かなりの部分は惣社長尾氏を通じて上杉氏支持にまわった。

②盟友であった太田道灌を敵にまわしたこと

上杉氏は、武蔵への影響力の強い太田氏を景春と嚙みあわせることによってかろうじて危機を脱しえた。

③豊島氏が没落したこと

武蔵東部に強大な勢力をもつ豊島泰経・泰明兄弟が太田道灌に敗北し、武蔵における景春方のヘゲモニーは失われた。

④山内上杉氏にたいする越後上杉氏の強力な軍事支援があったこと

山内上杉氏の当主顕定は、越後上杉氏から養子入りした人物であった。越後上杉氏の当主房定は強力に山内上杉氏を支えた。

⑤本拠地が、地勢的にあまりにも不利だったこと

上野白井は越後・上野の結節点にはなりえても、上野・武蔵を支配するにはあまりにも北に偏りすぎていた。これに代わるべき地として武蔵の鉢形城に拠ったが、周辺との関係で弱点をもっていた。けっきょく、その後の景春は上野白井や東上野の大室荘（現・前橋市大室町）の一地方勢力に留まり、ときどき古河公方や北条氏と結びゲリラ的な行動を取ったが、かつての影響力を失い全国的に戦国時代に入る時期の永正十一年（一五一四）に不遇のなかに没している。

景春の戦国大名化は破綻したのである。

景春の夢、道灌の「限界」

景春は「元より器用なき男」とか「長尾一家の大名にて有勢の者なり（中略）、天性腹悪しき男」などとも記されていて好評ではないが、これは上杉氏体制側の評価であって必ずしも当を得ているとは思われない。

発端は家宰職の争奪であっても、景春は上杉氏の守護領国体制を打破して戦国大名への指向性を見せた。この点に積極的な意義を認めたい。上杉氏体制側が景春に危険を感じたというのも、おそらく彼のもつ政治構想に不安を抱いたからであろう。景春が直面し、闘いを挑んだのは、上杉氏による旧来の守護領国体制であったと思われる。

守護が守護代を通じて国衙《こくが》機構を把握して、公田正税や段銭・棟別銭を賦課し、管国各地の交通の要衝に散在する直轄領を通じて流通機能を把握し、上州一揆・武州一揆あるいはその他国人と、鎌倉公方や幕府の権威を背景にした守護権限（軍勢催促・所領安堵や宛行《あてがい》）を土台にルーズな被官関係を結び支配するという体制。景春はこれを克服し、武蔵鉢形城を拠点にして大名領国の形成を志向したのかもしれない。

この点、太田道灌はどうか。

相模に勢力をもつ太田氏は鶴岡八幡宮などの寺社にたいして積極的に関係し、その所領保全に貢献したと思われる。道真・道灌父子の発給文書は十六点が残存するが、その内訳を見ると、

◎道真
円覚寺黄梅院……一点
建長寺西来庵……一点
光明寺……五点

◎道灌
円覚寺黄梅院……四点
宝生寺……二点
鶴岡八幡宮大伴文書……一点
光明寺……二点

（合計……十六点）

と寺社文書が多い。

また、鶴岡八幡宮の外方供僧の記録「香蔵院珍祐記録」に、武蔵国吉富郷の所領支配についての記事が載っている。

吉富郷は、現在の東京都多摩市関戸を中心に、寺方（現・同市東寺方）・和田（推定）、桝井（現・東京都日野市百草《もぐさ》）・落川（現・日野市落川）、中河原（現・東京都府中市住吉町）・鹿子嶋（現・府中市住吉町付近か）の六ヵ村（一部推定）と一宮（現・多摩市一ノ宮）・蓮光寺（現・同市連光寺）という寺社領二村を付属させた公領で、永徳三年（一三八三）に鎌倉公方足利氏満から鶴岡八幡宮に寄進されたものである（「鶴岡八幡宮文書」）。

享徳の乱の過程で、「強入部」（不法侵略）というかたちで所領の支配がおこなわれず年貢徴収が滞っていたところ、寛正二年（一四六一）に関東管領上杉房顕の命で鶴岡八幡宮供僧香蔵院領となった。

この吉富郷の代官職を決めることでいろいろ問題が起こった。

代官の決定について供僧たちのあいだで見解の相違があり、また太田氏がこの代官職を望んでいたのにそれを却下してしまった。そして郷に近接する現在の日野市高幡・南平の領主の田口兵庫助慶秋に決定してしまったのである。

この決定について八幡宮香蔵院は、八幡宮にいろいろ恩恵を与えてきている太田氏への対応に苦慮し、太田氏もいったんは異議を唱えたが、田口氏が同じ扇谷上杉氏に仕える高幡高麗氏の一族であるということによってか、最終的には了承した。

田口氏はこの郷のうち、鹿子嶋は「京方」(幕府直属)の宇都宮氏の支配ということでこれを除外し、その他の五ヵ村計百二十三貫文の年貢を納入して問題の解決となった。

なお、この決定には五十子陣にいた山内上杉氏や堀越公方足利政知の了解も得て実現している。

代官職をめぐっては、それ以前の長禄四年(一四六〇)に相模国深沢郷(現・神奈川県鎌倉市)の台・洲崎についての問題がある。

武士の狩野氏と如意院という寺庵が候補に挙がり、供僧たちの投票で意見が分裂したので、その裁断を道灌に求めるということで、双方の意見を道灌の前に開陳して、けっきょく狩野氏に決定してもらって両者が和解した。

八幡宮の所領、武蔵国佐々目郷(現・埼玉県さいたま市)や相模国村岡郷(現・神奈川県藤沢市)に新たに守護反銭を賦課する問題が起きたとき、道真・道灌は守護代の権能を発揮して賦課を強行している。

以上のように、太田氏は、相模国内の寺社などにたいして強い統率の権限をもっていたことがわかる。しかし、関係者にたいする処分のしかたは、景春に比してあくまで旧来の体制の枠内にとどまっているといってよい。

武蔵江戸城の城代で扇谷上杉氏の家臣である太田道真・道灌父子は、享徳の乱の過程で大活躍し、その後半の過程で道灌は、反乱を起こした長尾景春に味方した武蔵東部の大勢力の豊島氏を攻め滅ぼし、また講和に反対した武蔵千葉氏を制圧するなど大きな功績をあげた。つまり道灌は景春打倒の最大の功労者である。だが、自己の戦功を山内上杉氏家臣高瀬民部丞に綿々と書き連ねたがゆえに「長状」とまで呼ばれる書状（「太田道灌状」）からは、彼の「限界」を見ることも可能ではなかろうか。

「当方滅亡」と「上剋下」

家臣の功績を喜ばないばかりかその勢力拡大を恐れた扇谷上杉定正は、文明十八年（一四八六）七月二十六日に相模の守護所である糟屋（現・神奈川県伊勢原市）の館に道灌を招いて殺害した。道灌は主君に重用されるどころか、とんだ道化役となってしまったのである。

このとき、道灌は「当方滅亡」と叫んだという。当方とは「こちら側」すなわち扇谷上杉氏のことである。自分がいなくなれば扇谷上杉氏などおしまいだということである。最期にあってなお、強烈な自負であるといえよう。

定正にとっては、自分を凌駕して活躍する道灌に「下剋上」の懸念を抱いたのであろう。また山内上杉氏と道灌の密接な関係にたいする懸念があったと思われる。ここに「臣下にやられる前に主君がやる」という事態が起きたのである。

このように下からのし上がってくる実力者を上が滅ぼすことを、私は「上剋下」と称する。思えば享徳の乱の発端、足利成氏による上杉憲忠誅殺からしてそうであった。戦国時代は、この「上剋下」と「下剋上」がからみあって、上・下どちらかが権力を掌握する場合が多かったのである。

道灌殺害を発端として、父道真、扇谷上杉定正と山内上杉顕定の対立が生じ、翌長享元年（一四八七）十一月の武力衝突（長享の乱）となる。関東各地での合戦になったがその決着はつかなかった。やがて定正が没し朝良《ともよし》が扇谷上杉氏を継承したが、この対立関係は解消せず、永正元年（一五〇四）八月、顕定は越後の長尾能景の支援を得て朝良方の椚田城（現・東京都八王子市）、実田城（現・神奈川県平塚市）を攻略し、河越城（現・埼玉県川越市）を包囲して和議となった（永正の乱）。この乱の過程で、駿河の今川氏親《うじちか》やその家臣の伊勢宗瑞（北条早雲）が扇谷上杉氏を支援している。なお道灌の父道真は、息子の死を悲しむ余裕もなく長享二年（一四八八）に病を得て死去し、太田父子活躍の時代は終わる。

伝統的形骸のみを残す上杉氏体制は衰退しつつも、小田原北条氏が武蔵を制圧して上野に進出する天文二十一年（一五五二）までかろうじて命脈を保つことになる。

焦点は堀越公方の処遇

文明十二年（一四八〇）三月に細川政元（勝元の子）の提起で幕府と古河公方の和平交渉が開始された。さまざまな駆け引きと妥協の結果、文明十四年（一四八二）十一月についに和議が成立した。

これを「都鄙合体」あるいは「都鄙一和」と称する。

細川政元がこの和議を提起できたのは、父勝元と相違して享徳の乱の直接の幕府側リーダーでなかった点と、越後守護の上杉房定との親交があったことによるものと思う。この交渉には幕府方は上杉顕定・上杉定正・堀越公方奉行人など、古河公方方は長尾景春・結城氏広・尊敒（足利成氏の弟）らが関与したが、決定的役割を果たしたのは、越後守護で管領上杉顕定の実父にして後見人ともいうべき上杉房定であった。すでに文明九年（一四七七）十二月に、上野の大雪のなかでの幕府軍主力と古河公方方との軍事的和平が成立している以上、それを幕府は追認せざるをえなかったのである。

交渉の最大の焦点となり、交渉が数年にわたって長引いた原因は伊豆の堀越公方の処遇にあった。内乱発生以前に戻すとすれば、堀越公方は廃止、政知は京都帰還となる。おそらくこれは古河公方足利成氏方も主張するところであった。関東に二人の公方は不要であるということは当然である。それは山内・扇谷両上杉氏の主張とも合致していた。伊豆は元来上杉氏の守護国であった。極論すれば、上杉氏にとって堀越公方はもはや「用済み」である。いや、もともとさして役に立ったとは思っていなかったかもしれない。

一方、現地伊豆に留まることを切望する堀越公方の要求を幕府は拒否しがたいという事情があった。将軍職を文明五年（一四七三）に父義政から譲られた足利義尚にとっても、帰京後の伯父の処遇には困ったろう。この間の事情につき、次のような文書史料がある。

左兵衛督（政知）事御身上不足なくば同心すべきの由、

（「喜連川文書」足利義政→上杉房定）

都鄙御和睦の儀につき、豆州様（政知）御事、古河様（成氏）御料所を進ぜられ、御不足なき様、償申さるべし。

（「喜連川文書」伊勢貞宗→上杉房定）

御和睦の儀について豆州様御事、伊豆国を進上せられ刷《つくろい》申さるべくの旨、四郎殿（上杉顕定）へ仰せ定められ候。

（「諸状案文」伊勢貞宗→上杉房定）

将軍義政や幕府政所の伊勢貞宗から越後守護の上杉房定にあてたものであるが、この交渉に当たって房定が果たした役割は大きい。

けっきょく、伊豆一国を関東の公方や管領の支配から切り離すというかたちで妥協が図られ、堀越公方は伊豆一国を管轄することで在留に落着した。上杉氏からすれば守護国伊豆の放棄であり、足利成氏からすれば関東御分国のうち伊豆を割譲するという譲歩のかわりに、残りの諸国の支配権を幕府に認めさせたといえる。

これが長い交渉の結果であり、二十八年にわたる大乱はここに終結した。しかし、公方と管領が協力して鎌倉府のような政治体制を復活させることはなかった。古河公方と上杉氏は旧利根川をほぼ境界にしたそれぞれの領域支配を確保していった。すなわち二元的な支配体制であり、それぞれの支配下も旧来のものではなく各地の戦国領主が割拠する状況となった（山内上杉顕定が関東管領を自称せず、単に上部権力を意味する「大途《だいと》」という別称を用いたのも、そのような背景があったものと思われる）。

いずれにせよ、京と関東の和睦がなった時点では、伊豆という小さな半島が「弱い環」となって、そこから関東全域が激変することになるなどとは、誰にも予想できなかったのである。

むすびに

「戦国」の展開、地域の再編

京からやってきた男

それからおよそ十年後、明応二年（一四九三）に伊勢新九郎は、堀越公方家の内紛に乗じて伊豆北部を制圧し、戦国大名化の一歩を印した。

しかし、読者には「伊勢新九郎」「伊勢宗瑞（盛時）」などというより「北条早雲」といったほうが、おわかりが早いであろう。

彼の出自については諸説があり、謎に包まれていたが、近年の研究でかなりのことがわかってきた。この一族が北条を名乗るのは、二代目氏綱《うじつな》が伊豆の北条（現・静岡県伊豆の国市）に本拠を据えてからのことで、初代は伊勢氏を称した。それゆえ「伊勢宗瑞」という呼称が最近は定着しつつあるが、子孫が先祖を「北条初代」といっている以上、「北条早雲」でよいという見解もある（池上裕子

『北条早雲』)。本書もそれに従い、以下「北条早雲」を用いる。早雲は幕府奉公衆であったが、姉（北川殿。妹という説もあり）が駿河守護今川義忠に嫁いだときに後見人として駿河に下り今川氏の家臣となった。

文明八年（一四七六）に義忠が没し、今川氏の家督争いが起こったときに、子息氏親（北川殿の子）の側に立って活躍した。その功績で、駿河の所領が与えられ興国寺城《こうこくじ》（現・静岡県沼津市根古屋）の城主となり、長尾景春の反乱のときなどにも相模に出陣して争乱に介入したりした。

一方、伊豆の堀越公方足利政知は、享徳の乱の和睦の遺産として伊豆一国が与えられてその地位が保全されたが、延徳三年（一四九一）四月に没する。

政知の死後、その後継をめぐって紛争が発生した。政知は末子の潤童子を後継にと考えていたが、潤童子は異母兄の茶々丸（牢に閉じこめられていたともいわれる）により母の円満院とともに殺害された。なお政知のもうひとりの子は京の天龍寺に入っていたが、のち還俗して十一代将軍義澄《よしずみ》となる。

駿河今川氏の有力家臣として駿河の興国寺城に拠っていた北条早雲は、この抗争につけこんで明応二年（一四九三）に伊豆の北部に侵攻したわけである。茶々丸は本拠の堀越から南伊豆に逃れた。その後、茶々丸は、伊豆・相模、さらに武蔵や甲斐にもおもむき、山内上杉氏顕定らの支援のもと北条早雲への対抗策を探った。

明応七年（一四九八）に大地震と津波が起こり、関東・東海の太平洋岸各地域に大きな被害が発生した（この「明応の大地震」から五百年余が経つ今日、近いうちに同様の規模の大地震や津波がこの地域に発生すると予想され、その対策が急がれている）。とりわけ伊豆半島の沿岸地域が大打撃を受け、住民の窮乏が甚だしかった。

早雲は、被災した地域住民に食糧を供給するなどの救済策を講じて味方に引きつけ、茶々丸とその家臣関戸吉信を南伊豆の深根城（現・静岡県下田市堀之内）に討ち果たして伊豆全土を征服した（以上、家永遵嗣「北条早雲の伊豆征服――明応の地震津波との関係から」、池上裕子『北条早雲』）。

北条早雲とその子孫は伊豆を本拠に、さらに相模・武蔵に進出して戦国大名化の道を歩むことになる。

それからの古河公方

明応六年（一四九七）九月晦日。古河公方足利成氏が没した。享年六十七。

成氏の性格や風貌について語り伝えるものは、まったくない。武将にはよくある肖像も残されていない。しかし、享徳の乱の二十八年間、粘り強い戦いによって幕府・上杉氏と五分に渡りあい、事実上の勝利をもたらしたという点だけでも、成氏という人物には並々ならぬ器量があったというべきであろう。その根底には父持氏や兄弟たちを討たれた強い復讐の怨念ともいうべきものがあったと思われる。

法名は、乾亨院殿久山道昌大居士。墓といわれる後世の供養塔が古河近隣の栃木県下都賀郡野木町の満福寺にある。

その後、古河公方家は政氏《まさうじ》・高基《たかもと》・晴氏《はるうじ》・義氏《よしうじ》とあわせて五代にわたって継承されるが、政氏と高基の父子が永正三年～八年（一五〇六～一一）に対立し、家臣団も分裂した。また、高基の代に分裂した小弓《おゆみ》御所の義明《よしあき》から頼純《よりずみ》・国朝《くにとも》と続く筋は、江戸時代に五千石の旗本交代寄合ながら十万石格の大名としての格式を許され、その下野の所領から喜連川《きつれがわ》公方と称された。明治になって子爵の爵位を授けられている。

長享、永正の乱

扇谷上杉定正は、文明五年（一四七三）に甥の政真が武蔵五十子陣の戦いで討死すると、政真の家臣に迎えられて扇谷上杉氏を継いだ。相模守護として関東西南部に勢力を張ると同時に、武蔵河越荘を将軍家から与えられて河越城を築いて活躍した。

享徳の乱の過程において、定正は有力家臣の太田道灌が山内上杉顕定と通じて活躍することに下剋上の危険を感じて、道灌を相模守護所の糟屋（現・神奈川県伊勢原市）で殺害したことはすでに記したとおりである。これが発端となって定正は、道灌を支持していた山内上杉顕定と対立するようになり、長享《ちょうきょう》元年（一四八七）十一月についに衝突する（長享の乱）。定正は、あるときは長尾景春と結び、あるときは北条早雲と結んで顕定に対抗した。しかし、明応三年（一四九四）、荒川渡河の際に落馬して急死する。扇谷上杉氏は朝良―朝興《ともおき》―朝定《ともさだ》と継承された。

一方、越後では永正四年（一五〇七）に、越後長尾氏の為景《ためかげ》（上杉謙信の父）が守護上杉房能《ふさよし》（房定の子）を下剋上で殺害する事件が起こった。守護代長尾氏は、守護の上杉房定が享徳の乱の過程で関東に長期滞陣している間に、国内で勢力を強めていた。

関東管領上杉顕定（同じく房定の子）は、兄弟である房能の殺害に怒り、報復のため越後に長期出陣し戦闘を継続したが、上田荘長森原（現・新潟県南魚沼市）の合戦で敗死してしまう。これによって越後における守護領国制は最終的に崩壊し、長尾為景は戦国大名として領国支配に乗り出すことになる。なお、先述の古河公方家の分裂と越後の抗争は、じつは連関をもって進行したこともあって併せて「永正の乱」と称してよいと思われる。

北条氏の関東進出と河越合戦

北条氏はその後、大森氏の小田原城を奪い、三浦氏を滅ぼして相模を制圧する。早雲の跡を継いだ氏綱・氏康《うじやす》は関東の内乱を利用して、さらに武蔵・上総・下総地域に進出して勢力を拡大していった。

これに危機感を感じた扇谷上杉朝定、山内上杉憲政らは古河公方足利晴氏も語らい、連合して北条綱成《つなしげ》（氏康の義弟）の籠もる河越城を大軍で包囲した。半年余の攻防戦が続いた天文《てんぶん》十五年（一五四六）四月、河越城救援に向かった氏康は夜間の奇襲で連合軍を完膚なきまでに撃ち破った。上杉朝定は討死して扇谷上杉氏は滅亡、山内上杉憲政は上野平井城（現・群馬県藤岡市）に逃れ、足利晴氏は古河に逃げ帰った。

この合戦の勝敗はその後の情勢を決定づけて、武蔵における反北条勢力（上杉陣営）は一挙に衰退に向かう。古河公方家でも河越合戦以前に足利晴氏に北条氏綱娘（芳春院《ほうしゅんいん》）が嫁いでおり、生まれた義氏が古河公方となった。そのころから北条氏康は「大途」を称して、あたかも古河公方を支える関東管領に相当する地位があると誇った。

上杉謙信と武田信玄

河越合戦で大敗北を喫した山内上杉憲政は、勢力を失って上野からさらに越後に逃れて長尾景虎を頼った。景虎は為景の子である。父の死後、兄の晴景《はるかげ》を追放し、越後統一を果たしたちょうどそのころに、関東管領が保護を求めてきたのである。そこで景虎は、憲政の養子となって山内上杉氏の家督を継承、その名の一字をもらって上杉政虎《まさとら》となった。政虎は義父を奉じ、大軍を率いて関東に出陣、鎌倉に入って関東管領職の譲りを受ける。

さらに上杉政虎は、将軍足利義輝から諱の一字を拝領して輝虎《てるとら》と名乗る。その法号が謙信である。

上杉謙信は以後、関東管領としてさかんに関東に攻め入り、北条氏や甲斐の武田氏と激闘をくりかえすことになる。

一方、甲斐では、明応元年（一四九二）から永正四年（一五〇七）にわたって守護の武田信縄《たけだのぶつな》と異母弟の油川信恵《あぶらかわのぶよし》との抗争が、周辺諸国を巻きこんで激しくおこなわれていた。長期にわたるこの争いは信縄の子の信虎《のぶとら》の代で鎮圧される。

甲斐一国を統一し、戦国大名となった信虎は隣国信濃《しなの》の諏訪《すわ》に侵攻しようとした。しかし、当地を支配する諏訪氏との戦いで勝利することができず、天文四年（一五三五）に国境の堺川において、諏訪頼満《よりみつ》と軍神である諏訪明神を現地に招いて互いに相手の領土に侵攻しないことを誓約した。

この拘束に反発した子息晴信《はるのぶ》（のちの信玄）は、父信虎を駿河に追放し、誓約を無視して諏訪に攻め入って諏訪頼重《よりしげ》（頼満の孫）を自刃に追いこみ、領土とした。次いで諏訪の神をバックにして伊那《いな》郡、さらに信濃の征服を実現する。その結果、北方の越後の上杉謙信と川中島で戦うことになる。また、武田氏は信濃征服と同時に上野国西部にも進出し、北条氏と対立するにいたる。

上杉は北方、武田氏は西方、北条氏は南方と称された。これに常陸の佐竹氏、上総・安房の里見氏を東方とすれば、麻雀よろしくトン・ナン・シャー・ペイの対立図式となり、関東戦国史の最後の段階となる。

守護領国体制の崩壊過程にして大名領国の形成過程

戦国時代は、一般には戦国大名の争覇の過程とされているが、その戦国大名の形成過程がいかなるものであったかをも含めて考えなければいけない。

戦国大名に成長していった勢力には、その出身別に見ると前代の守護・守護代や国衆といわれる在地勢力があげられる。それらが戦国争乱の過程で上剋下や下剋上といった抗争や地域間の争覇を通じて権力を拡大して、一国ないし半国以上の領域を掌握して戦国大名となっていくのである。

つまり国衆→戦国大名ではなく、そのあいだにもう一段階あるということである。私はそれを「戦国領主」と名づけた。

国衆→戦国領主→戦国大名

本書で注目したのは、この国衆の戦国領主化である。

享徳の乱の意義は、特異な守護領国体制である鎌倉府体制が数次にわたる上部権力の分裂・相剋というかたちをとって崩壊し、その支配形態やそのなかに包含される支配階級の内部のもろもろの中世的秩序が消滅したところにある。

鎌倉・室町時代の武士を中心とした在地支配は、本領などにまとまった地域を領有はするが、その他の各国に点在する散在所領から成り、それを上部権力である幕府・鎌倉府が認定し、所領として支配していた。

ところが、享徳の乱と応仁・文明の乱によって上部権力が分裂・抗争する時代になるとこのシステムが破綻し、各自が武力でもって所領を確保し、あるいは周辺の所領を「強入部」といって法の支配によらずに武力で侵攻し確保することがおこなわれるようになった。各地に一郡ほどの範囲で勢力を張った領主により新田領・館林領・佐野領・羽生領といった支配領域たる「領」が生まれる。ここに戦国領主が成立する。

「強入部」に関しては、第三章2節でも引いたが『松陰私語』のなかに次のような興味深い史料がある。

先年五十子諸将退陣已後、武・上・相の諸家時に至り強入部の地等、各手強に相抱えて子細を申す者、権威といえども山内（上杉氏）より取返さること、十に八九はこれ無し。

すなわち、長尾景春の反乱によって幕府方の武蔵の五十子陣が崩壊した後に、世の中が乱れて上部権力の承認によって所領の授受がおこなわれるのではなく、アナーキーな状態になり、実力による所領確保が日常化して、略奪された所領の回復を訴えても十中八九、すなわちほとんど返らない状況だと述べている。

それに反して、松陰の仕える新田岩松（家純）は、

①獲得した新地は、享徳の乱における恩賞として、関東管領上杉家の家宰である長尾景信から正式な通達によって得たものであるので問題はない。
②また武・相二国の旧領十八ヵ所も山内上杉氏から返却され、預け置かれて支配している。
③とりわけ上野の寮米郷《りょうまい》（現・群馬県太田市）は長尾氏の旧領であったのを、長尾氏との縁故で上杉氏の承認を得て獲得したもの。大蔵郷四郷（同市）は京都吉良氏の旧領であったのを新田岩松氏家臣の横瀬良順が一千貫で買得したものである。

と付け加えている。すなわち、新田荘内やその周辺の所領をさまざまな方法で獲得して一円的な所領を形成しているのである。そして金山城を文明元年（一四六九）に築き軍事的拠点とし、新田領という領域支配の戦国領主に成長していったのである。このような動向は、新田岩松氏に限らず、享徳の乱を画期として各地に広まっていったと考えられる。

「領」の支配者は城郭を構築して防備を固めるようになる。本城を中心に一族・家臣が支城に配置された。本城の近辺には城下町がつくられて流通の拠点となる。こうしてひとつの地域的世界がかたちづくられた。この過程で自己の勢力圏の一円化、家臣団の再編がはかられる。それらが近隣相互に境界の矛盾をはらみつつも養子縁組や婚姻関係を通じて政治的ネットワークを形成し、「一揆的結合」

を保つ。同様な動きは守護や守護代にも見られ、各地でこの三者の争覇がくりひろげられた。

このような、日本史上の大転換をもたらした転機こそ、「(応仁・文明の乱を含む)享徳の乱」であると私は考え、この乱を戦国時代の開幕と主張してきたわけである。

関東の特殊性

しかし、関東においては、戦国領主の上部に古河公方や関東管領といった上位権力者の政治体制が残存しつづけ、関東それ自体のなかから突出した戦国大名権力を生み出すことは、ついになかった。山内上杉氏や扇谷上杉氏、あるいは長尾景春、太田道灌らはそれをめざしたが挫折した。いちはやく「戦国時代」を迎えた東国であるのに、今日まで必ずしもそう考えられてこなかったのはそのためである。

上州一揆を結集した西上野の長野氏、伝統的豪族新田岩松氏をその被官の身から打倒・継承した新田荘の由良氏(横瀬氏が改称)などの戦国領主は存在した。しかし、彼らがその上を覆う旧体制に妨げられて伸び悩んでいるとき、関東の周辺部では大きな動きが生じていた。

事実だけ述べれば、十六世紀における関東中央部は、越後長尾(上杉)・武田・北条という関東の外に成長した戦国大名による「三つ巴の争覇の草刈場」となる。在地の戦国領主は対立・連携をくりかえした末に、この三者の勢力関係に応じた支配・系列化の対象となり、やがては併呑されてしまうのである。彼らの独立した本城は、しだいに大名の支城と化していく。

では、なぜ関東地域から自立した大名を生み出せなかったのか。いくつか理由を考えておきたい。まず、関東の雄ともいうべき山内上杉氏が、享徳の乱において幕府の全面的支援によっても古河公方足利成氏を打倒しえなかったという事実。さらに内部からの長尾景春の反乱によって大打撃を受けてしまった。

山内上杉氏はまたその後に扇谷上杉氏との抗争によって勢力を消耗した。その配下の長尾氏も景春以外は勢力を伸ばしながらも、主家の打倒は試みることがなかった。

長尾景春も戦国大名への期待をもたれる存在であったが、多くの戦国領主の支持は得られなかった。扇谷上杉氏の家臣で頭角をあらわした太田道灌も主家の扇谷上杉定正に「上剋下」で滅ぼされてしまった。

結果論めくが、父を討たれた足利成氏の怨念が関東を未曾有の大乱に巻きこみ、かつその強烈な執念が周囲を圧倒して、戦国領主の戦国大名化を阻んだといえなくもないのである。

三者三様

上杉・武田・北条の支配のありかたには偏差がある。

上杉謙信は関東管領として関東に臨んだから、従来の戦国領主の支配を温存しつつその上に君臨しようとした。その軍事動員に応じるうえは、個々の独立性を保たせる方式を採用した。また上野・下野・武蔵の惣社・白井・足利（のちに館林）・深谷の四長尾氏は従来上杉氏の家宰・守護代家に当たり、越後長尾・上杉氏との同族的側面を有し、強力な味方に位置づけられていた。それを補強して沼田城に家臣の河田長親を入れ、厩橋城に家臣の北条高広《きたじょうたかひろ》を入れて軍事交通路を確保した。

一方、武田信玄は、吾妻方面を吾妻郡に勢力をもつ海野一族の真田氏を派遣して勢力を拡張させ、甘楽郡の有力国衆小幡氏（国峯城）を抱きこみ、西上野への侵攻をくりかえすなかで、上杉方の長野氏の拠点箕輪城を永禄九年（一五六六）に攻め落とした。武田氏は一歩一歩領土を拡張していき、その過程で徹底的に在地の再編を実施していった。

また、氏綱・氏康と続く北条氏は、河越合戦後、関東のかなりの領域を支配下に収めた。山内上杉氏の有力家臣（武蔵守護代）の大石定久《おおいしさだひさ》は北条氏に降伏し、北条氏康の子息源三を養子として本拠地の船木田荘由比郷に迎えて後継者にした。のちの滝山・八王子城主北条（由比）氏照《うじてる》である。このように北条氏は本拠地の小田原の他に、重要な地に一族を配置して新たな支配体制を構築し、上杉氏・武田氏との三つ巴の争覇戦を展開した。

この争いは、その巧みな政治支配の効果もあって、最終的には小田原北条氏が勝利したことになる。しかし、この北条氏も関東一円の制覇を目前にして、天正《てんしょう》十八年（一五九〇）の豊臣秀吉の小田原攻めで敗北し、ここに戦国時代は閉幕することになる。

戦乱のなかの郷村住民

享徳の乱の発生から小田原北条氏の滅亡まで、約百四十年間である。この長期の戦乱のなかで、圧倒的多数の人口を占める郷村の住民、百姓身分の者たちはその生命・財産を守るためにどのように行動したのだろうか、という疑問にもお答えしておこう。

武士たちが、城を中心に戦国領主のもとに結集するのと同様に、住民も郷村ごとに惣郷《そうごう》・惣村《そうそん》といった共同組織に結集して長期の戦乱に備えた。その史料は享徳の乱のなかでは見出しえないが、その後の戦国動乱のなかで各地にみられる代表的な場合を述べておく。

ひとつは城郭との関連である。

城主も毎年に年貢・公事《くじ》を納めて支えてくれる住民を無視はできない。そこで城郭のなかに住民の郭を造成させ、敵が襲ってきた場合、食料や資材をもってそこに立て籠もることができるようにした。そのため、住民は城郭づくりにも協力し、住民用の郭の一角に洞穴を掘るなどして食料などを収め、敵が近くに進出する際には洞穴のなかに隠れて敵軍の退去を待った。

もうひとつは村による独自の「交渉」。

戦乱や災害で収穫が少なくなったときには、「徳政」を領主に要求して年貢・公事を減免してもらったり、以前の滞納年貢の免除を実現させたりした。

また、戦乱の両軍の境界に当たる郷村では、両軍に要求して「半手」と称して両軍に年貢を半分ずつ納めることを承認させて、その地域には互いに軍隊が入ったり闘ったりするのをやめさせた。結果的にこうした地域は平和領域となり、商人の経済活動などで発展する場合もあった。

軍勢の侵攻が必至となった場合、郷村や寺社はお金を集め、代表が寄せ手の大将のところにおもむく。集めたお金は「礼銭」である。それで「軍勢の乱暴・狼藉を一切禁止し、背いたものは処罰する」という文言と大将の署名の記された制札を取得する。これを村に持って帰るわけである。一方攻め入る側は、このお金を軍資金の一部とするのである。

多くの場合、軍勢がやってきたときに、制札の提示は効果を発揮し、郷村や寺社等を守った。しかし、そうでないケースもあった。足利のある寺では、制札をお堂に貼っておき、僧侶たちは残らず逃げてしまった。しかし、侵入してきた軍勢の略奪がおこなわれたのでそれを大将に訴えたところ、誰がやったかわからないので処罰できないと却下されている。

民衆は、時代のなかで必死に知恵を絞り、精一杯生きていたのである。

新田岩松氏のそれから

さて、本書のなかで新田岩松氏には「狂言回し」の役目をつとめてもらい、焦点をあてて叙述してきた。本書を結ぶにあたって、その戦国時代における「最期」について触れておきたい。

明応三年（一四九四）四月、新田岩松家純は金山城で没した。足利成氏の死の三年前のことである。家純が長尾景春の乱後に幕府方を見かぎって古河公方方に鞍替えしたこと、子息明純が幕府方に留まり、一族・家臣の盟約に背いたかどで父から義絶されたことはすでに述べた。

家純の死後、すぐに下剋上がおきる。家宰の横瀬国繁・成繁父子が、一族御門葉および同輩被官の勢力を打倒し、戦国領主化のスタートを切る。当主の尚純（家純の孫）は支配権を奪われた。

明応四年（一四九五）に新田岩松尚純は横瀬成繁を除こうとし、両者の抗争となった。事態を憂慮した古河公方足利成氏は調停にあたり、尚純の主君の地位は認めるものの、実権は成繁にあるとして事態を収めた。これ以後、実質的な新田領の戦国領主の地位は横瀬氏に移った。また、尚純の子の昌純、孫の氏純は、のちに横瀬氏によってそれぞれ殺害され、自刃に追いこまれている。

横瀬氏は国繁・成繁・景繁・泰繁・成繁・国繁と戦国期に六代を数えるが、景繁・泰繁を中にして前と後の二人が対称の位置で同名というのもおもしろい。後者の成繁の代に新田荘の屋敷地である由良郷にちなんで由良氏と改姓した。

横瀬・由良氏は東毛（上野東部）の戦国領主として上杉謙信方に付いて大活躍した。しかし、謙信の没後、上杉氏が関東から撤退すると小田原北条氏の圧力が強まり、天正十三年（一五八五）には金山城を合戦の末に北条氏に接収されて桐生城に移った。このとき、城主国繁は小田原城に拘束されており、金山城には母（成繁後家）の妙印尼《みょういんに》がいた。彼女は齢七十をすぎていながら一族家臣を統率し、必死の抵抗をおこなった。上州女の強さである。

天正十八年(一五九〇)に北条氏が滅亡すると、小田原に抵抗した功が豊臣秀吉に認められたのか、由良氏には常陸国の稲敷郡牛久郷(現・茨城県牛久市)に五千四百石余の所領が与えられる。江戸時代には清和源氏の末裔の高家衆として名誉の処遇を受けた。一方、由良氏が去った後も桐生にいた新田岩松守純(氏純の子)は、幕府を開いた徳川家康に召し出され、二十石を与えられた(後世に加増されて百二十石)。慶長十六年(一六一一)のことである。

じつは征夷大将軍たる家康と新田岩松氏との関係など、興味深い話はまだあるのだが、もはや享徳の乱と「戦国」の始まりという本書のテーマからは外れるので、ここまでとしたい。いずれにせよ「戦国」の開始と終焉の双方に、この上野の一豪族がかかわり、立ち会っていたことはまちがいないのである。

参考文献（著者五十音順）

＊本書では「享徳の乱」の概略・全体像を提示することに重きをおいたので、さらに詳しく知りたい、あるいは個別具体的な問題についてご興味のある方は、以下に掲げる諸書をお読みいただければ幸いである。

阿部能久『戦国期関東公方の研究』思文閣出版、二〇〇六年
荒川善夫『戦国期北関東の地域権力』岩田書院、一九九七年
飯森康広『ぐんまの城三〇選』上毛新聞社、二〇一六年
家永遵嗣「堀越公方府滅亡の再検討」『戦国史研究』二七号、一九九四年
家永遵嗣『室町幕府将軍権力の研究』東京大学日本史学研究室、一九九五年
家永遵嗣「北条早雲の伊豆征服――明応の地震津波との関係から」『伊豆の郷土研究』二四集、一九九九年
家永遵嗣「伊勢貞親と細川勝元――連繫とその破綻の実態をみる」『戦国史研究』七三号、二〇一七年
池上裕子『北条早雲』山川出版社、二〇一七年
石田晴男『応仁・文明の乱』吉川弘文館、二〇〇八年
市村高男「中世城郭史研究の一視点――史料と遺構の統一的把握の試み」中世東国史研究会編『中世東国史の研究』東京大学出版会、一九八八年
市村高男『戦国期東国の都市と権力』思文閣出版、一九九四年

市村高男『東国の戦国合戦』（「戦争の日本史」10、吉川弘文館、二〇〇九年）
内山俊身「戦国期東国の首都性について――古河公方成立とその歴史的前提から」（江田郁夫・簗瀬大輔編『北関東の戦国時代』）高志書院、二〇一三年
江田郁夫『下野の中世を旅する』随想舎、二〇〇九年
榎原雅治『室町幕府と地方の社会』岩波新書、二〇一六年
小川信『山名宗全と細川勝元』新人物往来社、一九九四年
小山市史編さん委員会編『小山市史』（通史編1、自然・原始・古代・中世）小山市、一九八四年
神奈川県県民部県史編集室編『神奈川県史』（通史編1、原始・古代・中世）神奈川県、一九八一年
木下聡「山内上杉氏における官途と関東管領職の問題」『日本歴史』六八五号、二〇〇五年
黒田基樹『戦国大名と外様国衆』文献出版、一九九七年
黒田基樹「上総武田氏の基礎的検討」『袖ヶ浦市史研究』六号、一九九八年
黒田基樹『図説・太田道灌』戎光祥出版、二〇〇九年
黒田基樹編『長尾景春』戎光祥出版、二〇一〇年
群馬県史編さん委員会編『群馬県史』（通史編3、中世）群馬県、一九八九年
群馬県立歴史博物館編『関東戦国の大乱――享徳の乱、東国の三〇年戦争』群馬県立歴史博物館、二〇一一年
古河市史編さん委員会編『古河市史』（通史編）古河市、一九八八年
古河歴史シンポジウム実行委員会編『古河の歴史を歩く』高志書院、二〇一二年
古河歴史博物館編『古河城――水底に沈んだ名城』古河歴史博物館、二〇一〇年
呉座勇一『応仁の乱――戦国時代を生んだ大乱』中公新書、二〇一六年
齋藤慎一「鎌倉街道上道と北関東」（特別展）（浅野晴樹・齋藤慎一編『中世東国の世界1　北関東』）高志書院、二〇〇三年

齋藤慎一『中世東国の道と城館』東京大学出版会、二〇一〇年
佐々木倫朗『戦国時権力佐竹氏の研究』思文閣出版、二〇一一年
佐藤博信編著『足利成氏文書集』後北条氏研究会、一九七六年
佐藤博信『中世東国の支配構造』思文閣出版、一九八九年
佐藤博信『古河公方足利氏の研究』校倉書房、一九八九年
佐藤博信『続中世東国の支配構造』思文閣出版、一九九六年
佐藤博信『中世東国足利・北条氏の研究』岩田書院、二〇〇六年
佐藤博信編『関東足利氏と東国社会』岩田書院、二〇一二年
佐藤博信『中世東国の権力と構造』校倉書房、二〇一三年
戦国人名辞典編集委員会編『戦国人名辞典』吉川弘文館、二〇〇五年
高橋修編『佐竹一族の中世』高志書院、二〇一七年
高橋浩昭「足利成氏の滝・島名御陣」『市史編さんだより』六号、高崎市、一九九三年
藤木久志「江戸氏の水戸地方支配」『水戸市史』上巻、一九六三年
松本一夫『小山氏の盛衰』戎光祥出版、二〇一五年
丸井敬司『上総下総千葉一族』新人物往来社、二〇〇〇年
峰岸純夫『中世の東国――地域と権力』東京大学出版会、一九八九年
峰岸純夫・小林一岳・黒田基樹編『豊島氏とその時代――東京の中世を考える』新人物往来社、一九九八年
峰岸純夫・片桐昭彦編『戦国武将合戦事典』吉川弘文館、二〇〇五年
峰岸純夫『中世の合戦と城郭』高志書院、二〇〇九年
峰岸純夫・萩原三雄編『戦国時代の城――遺跡の年代を考える』高志書院、二〇〇九年
峰岸純夫『中世災害・戦乱の社会史』吉川弘文館、二〇一一年

峰岸純夫編『松陰私語』「史料纂集」古記録編、八木書店、二〇一一年
峰岸純夫『新田岩松氏』（中世武士選書）戎光祥出版、二〇一一年
峰岸純夫・齋藤慎一編『関東の名城を歩く』（北関東編）吉川弘文館、二〇一一年
峰岸純夫・齋藤慎一編『関東の名城を歩く』（南関東編）吉川弘文館、二〇一一年
森田恭二『足利義政の研究』和泉書院、一九九三年
森田真一「享徳の乱期の五十子陣について」（江田郁夫・簗瀬大輔編『北関東の戦国時代』）高志書院、二〇一三年
森田真一『上杉顕定――古河公方との対立と関東の大乱』戎光祥出版、二〇一四年
八巻孝夫「豊島氏の城郭についての覚書」『中世城郭研究』二三号、二〇〇九年
八巻孝夫「江古田原合戦新考――太田道灌対豊島兄弟の戦い」『中世城郭研究』二四号、二〇一〇年
山田邦明『鎌倉府と関東――中世の政治秩序と在地社会』校倉書房、一九九五年
山田邦明「十五世紀後半の関東」（江田郁夫・簗瀬大輔編『北関東の戦国時代』）高志書院、二〇一三年
山田邦明『日本史の中の戦国時代』山川出版社、二〇一三年
山田邦明『享徳の乱と太田道灌』（敗者の日本史8）吉川弘文館、二〇一五年

あとがき

二〇一一年にNHKの「BS時代劇」で〈塚原卜伝《つかはらぼくでん》〉がオンエアされた。

原作は津本陽《つもとよう》氏の『塚原卜伝十二番勝負』。伝説の剣豪の青春期を描くもので、主人公を演じたのは、いまやすっかりスターとなった堺雅人《さかいまさと》。また、いまは亡き平幹二朗《ひらみきじろう》の息子の平岳大《たけひろ》、榎木孝明《えのきたかあき》、本田博太郎《ほんだひろたろう》、中尾彬《なかおあきら》、風間杜夫《かざまもりお》、栗山千明《くりやまちあき》や江波杏子《えなみきょうこ》らが脇を固める、見ごたえのあるドラマだった。私は茨城県立歴史館学芸課首席研究員の飛田英世《とびたひでよ》さんとともに、その時代考証を担当した。

さて、シナリオを見ると、

「応仁の乱から四十年、うちつづく戦乱で、庇護者を失った鹿島神宮《かしまじんぐう》は荒れはてて……」

との内容が書いてあるではないか。

私は、ここは応仁の乱ではなくて「享徳の乱から五十余年〜」とすべきだと、シナリオライターの山本むつみさんに伝えた。なにしろ物語のスタートは常陸（茨城県）。舞台は関東なのである。

すると、山本さんは次のようにおっしゃった。

「享徳の乱は最近の教科書には載るようになっています。だから四十〜五十代以下の人たちは知っているかもしれませんが、このようなドラマのファンは六十〜七十代の人が中心です。その人たちにわからないことは避けたいので、このままにしてほしいのです」と（しかし、山本さんは他の箇所で享徳の乱に触れたセリフを加えてくださった。深く感謝している）。

本書は私の年来の宿願であった。

「戦国時代の開始＝応仁・文明の乱」という「国民的常識」は、まだまだ根強く残っている。それを正すためにも、「享徳の乱」をメインタイトルとした書を世に問いたかったのである。

「享徳の乱」という名称は私が名付け親である（学界に提起してからなんと半世紀が経つ）。山本さんの言葉にもあるように、歴史の教科書に載ることもあったので、出版企画としてじゅうぶん成立するだろうと思った。また、十一年にわたる「応仁・文明の乱」を、二十八年（直前の江の島合戦も含めれば三十年ともいわれる）にも及ぶ「享徳の乱」の飛び火と位置づけ、そのなかに含めて考えたほうが時代の流れを理解しやすいとも考えた。

しかし、そんな知名度の低いタイトルの企画は、出版社も敬遠気味であった。ところが、奇特な編集者もいるもので、大乗り気で刊行を引き受けてくれたのは講談社の横山建城氏である。しかし、それはなんと、かれこれ十五年以上まえのことなのであった。

執筆が遅延するなか、二〇一七年になって呉座勇一氏の『応仁の乱』（中公新書）が四十万部のベストセラーとなった。若い著者の、誠実で意欲的な研究が世に迎えられることは大きな喜びであったが、関東の中世史をずっと研究してきた私にとって、同書の関東への無関心（？）ぶりにはいささか物足りないものがあった。やはり書かねばならないと、みずからを励ました。

カバー図版については、月岡芳年の「芳涼《（流）》閣両雄動」を使うことを横山氏から提案された。明治になってからの錦絵を掲げることはいかがかとも思ったが、言われてみればたしかにほかに意匠としてパッとしたものはない。足利成氏には肖像画もなにもないのである。

そこに「江戸時代の人のほうが、頼山陽の文章や馬琴のフィクションを通じてではあれ、関東の大乱について現代人よりよく知っていたのでしょう。悔しいじゃないですか。それに芳流閣は架空の建物とはいえ、足利成氏の居所として古河が描かれていることはまちがいない。今日、享徳の乱を一般読者に周知させたいと願うなら、八犬士や絵師の力でもなんでも借りて、華やかなカバーにしようじゃありませんか」などと言われて、それもありかと思いなおした。すてきな装丁がより多くの読者を獲得してくれるといいのだが。

ともあれ、本書は世に出ることとなった。すると同時に幼少年時代の思い出が鮮明によみがえってきた。

じつは、私の父久太郎は群馬県伊勢崎市の出身である。若くして東京に出て仕事もしていた関係で、桐生出身で講談社の創業者である野間清治氏とは親しい友人であった。野間さんから群馬出身の優秀な少年を社員に採用したいということで、父は高橋さんという方を推薦した。それは私が生まれた一九三二年の直後のころだったらしい。

高橋さんがしばしばわが家に来て、父と魚釣りなどをしていたことを私は子ども心に憶えている。彼は講談社の絵本や『幼年倶楽部』『少年倶楽部』などを送りつづけてくれた。それを母に読んでもらったり自分で読んだりして、戦前の私は本好き・歴史好きの少年に育っていった。そんな私の最後の仕事として講談社からの本書を、先にあの世に行った先輩・友人たちへのみやげに持っていきたいと考えたしだいである。

私の原稿を丹念に見てくださり、懇切なアドバイスをしてくださった編集者の横山氏には、多大の感謝を捧げたい。また、ゲラに目を通して、「こんなに戦争をやられては、戦場になったところの住民は……」などとぶつぶつ言いながらも校正その他で協力してくれた、妻立枝や娘の白川未来にも感謝したい。

二〇一七年九月二十日

峰岸純夫

元　号	西暦	関　東	京　都　ほ　か	新田岩松氏ほか
永禄4	1561	閏3.16　上杉憲政、関東管領職を長尾景虎（上杉謙信）に譲る。	9.9～10　川中島の合戦。	
永禄8	1565		5.19　将軍足利義輝、松永久秀らによって殺される。	横瀬成繁、由良と改姓する。
永禄11	1568		10.18　足利義昭、将軍となる。	
元亀2	1571	10.3　北条氏康没す。		
元亀4 天正元	1573	4.12　武田信玄没す。	7月　織田信長、足利義昭を京から追放→室町幕府の滅亡。	
天正2	1574			上杉謙信、金山城を攻める。
天正3	1575		5.21　長篠の合戦。	
天正6	1578	3.13　上杉謙信没す。		6.30　由良成繁没す。
天正10	1582	3.11　武田勝頼自刃→武田氏滅亡。　6～10月天正壬午の乱。	6.2　本能寺の変→織田信長、明智光秀の謀反によって殺さる。	
天正13	1585		7.11　羽柴秀吉、関白に任ぜらる。10月　関白秀吉、九州に向け「惣無事令」を発す。	5.26　由良国繁、北条氏の軍門に降る→以後、金山城には北条氏の城番が入る。
天正14	1586		9.9　羽柴秀吉、豊臣の姓を賜る。 12.25　豊臣秀吉、太政大臣となる。	
天正15	1587		12.3　豊臣秀吉、関東・奥州に向け「惣無事令」を発す。	由良国繁、北条氏に叛くも敗北。小田原に幽閉される。
天正17	1589		11月　豊臣秀吉、上野国名胡桃城をめぐる真田氏と北条氏の紛争の結果、小田原討伐を決定。	
天正18	1590	6.14　鉢形城開城。6.23八王子城落城。6.24　韮山城開城。　7.5　小田原城開城。7.11　北条氏政切腹、**小田原北条氏滅亡**。	3月　小田原攻めの軍勢が進発。	5.2　前田利家らに攻められ、金山城開城。 8.1　由良氏、豊臣秀吉から常陸国牛久に知行5435石を与えられる。

元号	西暦	関東	京都ほか	新田岩松氏ほか
明応6	1497	9.30　**足利成氏没す。**		
明応7	1498	8.25　明応の大地震→北条早雲の南伊豆侵攻、足利茶々丸は関戸吉信の深根城に滅ぼされる。		
明応10 文亀元	1501			8.8　横瀬成繁没す。
永正2	1505	扇谷上杉氏の河越城が落城→山内上杉氏の有利のうちに**長享の乱終結。**		
永正4	1507	8.7　越後守護の上杉房能、守護代の長尾為景に殺さる。	6.23　細川政元、暗殺される→永正の錯乱。	
永正7	1510	6.20　上杉顕定、越後に敗死。		
永正8	1511			10.15　新田岩松尚純没す。
永正9	1512	古河公方足利政氏と高基、上杉顕実と憲房の対立。		
永正11	1514	8.24　**長尾景春没す。**		
永正13	1516	7月　北条早雲、相模を平定。		
永正16	1519	8.15　北条早雲没す。		
永正17	1520			2.20　横瀬景繁没す。
享禄元	1528			12月　横瀬泰繁が新田岩松昌純を殺害して子の氏純を擁立。実権を完全掌握。
天文7	1538	10.7　第一次国府台合戦。		
天文10	1541	7.19　北条氏綱没す。		
天文14	1545			横瀬泰繁没す→子の成繁（曾祖父と同名）が家督を継ぐ。
天文15	1546	4.20　河越城の合戦→扇谷上杉朝定は討死（扇谷上杉氏は滅亡）、古河公方足利晴氏は古河に敗走、山内上杉憲政は上野に逃れ、のちに越後におもむき長尾景虎を頼る。		
天文17	1548			新田岩松氏純、横瀬成繁に攻められ自刃→子の守純が擁立される。
永禄3	1560		5.19　桶狭間の合戦→今川義元、織田信長に敗死。	横瀬成繁、新田岩松守純を追放。金山城主となる。

元号	西暦	関東	京都ほか	新田岩松氏ほか
文明11	1479	7.15　上杉軍、千葉孝胤の籠もる下総の臼井城を攻め落とす。		
文明12	1480	2.25　成氏、幕府との和睦斡旋を細川政元に依頼→3月から和議の交渉開始。		
文明13	1481	7.11　成氏、越後守護上杉房定に和睦斡旋を依頼。		
文明14	1482	11月　京都・関東の和議→**都鄙合体、享徳の乱が終結**→和睦交渉は堀越公方の存廃をめぐって難航したが、幕府側の存続の意向を尊重し、伊豆一国のみを支配させることで落着して和議が成立。		
文明18	1486	7.26　**扇谷上杉定正が太田道灌を誅殺。**		
文明19 長享元	1487	11月　山内顕定と扇谷定正、両上杉が衝突→**長享の乱。**		2.15　横瀬国繁没す。
長享2	1488	太田道真没す。		
長享3	1489		3.26　足利義尚没す。	
延徳2	1490		1.7　足利義政没す。	
延徳3	1491	4.3　足利政知没す。7.1　足利茶々丸、継母円満院と異母弟潤童子を殺害。	1.7　足利義視没す。	
明応2	1493	**夏ごろ**　北条早雲の北伊豆進出→足利茶々丸、南伊豆に遁れる。	4月　細川政元が10代将軍足利義材（義稙）を追放→11代将軍に足利政知の子（のちの義澄）を擁立する（明応の政変）。	
明応3	1494	8.26　小田原城主大森氏頼没す。　9.23　三崎城主三浦時高没す。　10.5　扇谷上杉定正、落馬して没す。　10.17　越後守護上杉房定没す。		4.22　新田岩松家純没す→家督を継いだ孫の尚純は、家宰の横瀬成繁、護持僧の松陰軒とともに古河城へ出仕、公方成氏に拝謁する。
明応4	1495	9月　北条早雲、小田原城を奪取。		12.18　新田岩松尚純が隠居→足利成氏の仲介で、家督は尚純の子の夜叉王丸（昌純）、横瀬成繁・景繁父子をその名代とする→実権を横瀬氏が掌握。

元号	西暦	関東	京都ほか	新田岩松氏ほか
文明8	1476	わして、氏親の叔父伊勢宗瑞（北条早雲）を含む家臣の争いを調停する。長尾景春が挙兵する。		
文明9	1477	1.18　**長尾景春、鉢形城を出て、五十子陣を襲撃**→陣は崩壊。越後上杉房定は白井、山内上杉顕定は阿内に遁れ、扇谷上杉定正は細井口、新田岩松家純は金山城に撤退。3.18　太田道灌、景春派の籠もる相模の溝呂木要害、小磯要害を攻め落とす。4.13　太田道灌、江古田原の合戦で景春派の有力武将豊島泰経・泰明兄弟を破る。4.18　太田道灌、景春派の小沢城を落とす。4.28　豊島氏の居城石神井城が落ちる。太田道灌、広大な豊島荘を制圧。5.8　長尾景春軍と上杉軍が武蔵針谷原で合戦→景春方では長野為兼、上杉方では大石源左衛門尉など多くの武士が討死、景春方は敗北して鉢形城を奪われる。5.14　両軍再び用土原に戦う。7月　足利成氏、景春支援のため上野に出陣、滝・嶋名に陣を構える。12.23　足利成氏、観音寺原から広馬場原に陣を構える→上杉方は、水沢・白岩に出陣。	**11月　応仁・文明の乱終わる。**	1.19　新田岩松家純、子の明純、孫の尚純をともない、五十子陣を退き金山城に入る。 7月　家純、古河公方方に転じ、滝・嶋名陣に参陣（横瀬成繁を派す）→嫡子の明純は上杉方にとどまったため、義絶、追放される。
文明10	1478	1.4　**足利成氏と幕府軍の和睦**→大雪のなかの対陣、戦闘不能となり現地和睦が成って両軍撤退。成氏や従軍した結城・新田岩松氏などは翌日戦場を引き払う。3.10　扇谷上杉定正、太田道真（道灌の父）が長尾景春の武蔵浅羽陣を攻める→景春は退散して成田に赴き、古河公方の下に遁れる。		1月　広馬場陣から撤退。 秋ごろ？　太田道灌、金山城を訪問。
文明10	1478	12.10　太田道灌、和睦に反対する千葉孝胤を境根原で戦い攻め破る。		

元 号	西暦	関 東	京 都 ほ か	新 田 岩 松 氏 ほ か
応仁3 文明元	1469			城築城の地鎮祭が執り行われる→代官は僧松陰。
文明2	1470		この年　将軍義政は京都の戦況が平静であることを活かして関東の敵方諸将に帰属を命じ、享徳の乱の勝利をめざす。	
文明3	1471	3～5月　成氏、応仁・文明の乱の幕府方の間隙を利用して伊豆三島に侵攻、堀越公方足利政知方の反撃に敗れて古河に帰陣。4～6月　五十子陣の幕府軍、小山持政・小田光重らの寝返りを利して、長尾景信を将として足利から佐貫荘に侵攻し、足利赤見城・館林城等を攻め落とし、小山領に児玉塚陣を築いて古河に圧力をかける。6.24　成氏は危険を予想して、一時は本佐倉に避難する→幕府軍、佐野唐沢山城の佐野盛綱の活躍による退路遮断を恐れてまもなく退陣。		
文明4	1472	2月　足利成氏、古河に帰城。		
文明5	1473	6.23　長尾景信が没し、弟の忠景が家宰職を継承→景信子息景春の反乱の原因となる。11.24　古河公方軍、五十子陣を襲撃、扇谷上杉政真が戦死→叔父の定正が扇谷上杉家を継ぐ。	3.18　山名宗全没す。 5.11　細川勝元没す。 12.19　足利義尚、9代将軍となる。	
文明6	1474	6.17　太田道灌、江戸城に心敬を招き、歌合の会を催す。	4.3　山名政豊(持豊の子)と細川政元(勝元の子)が和睦→**応仁・文明の乱が実質終結**。畠山義就、政長らはこれに加わらず。	
文明7	1475	長尾景春、五十子陣を引き払い、武蔵鉢形城に拠る。		
文明8	1476	6月　駿河今川家の内紛→堀越公方足利政知は上杉政憲・太田道灌らを遣		

元　号	西暦	関　東	京　都　ほ　か	新田岩松氏ほか
寛正4	1463	8.26　山内上杉氏の家宰・長尾景仲没す→景信が継ぐ。		
寛正5	1464		5.7　足利義政、御内書を相模の大森実頼に送り、引退をやめるよう説得する。 8.17　足利義政、小山持政とその家臣にたいして厳しい参陣催促をおこなう。 12.2　将軍義政の弟義尋、還俗して足利義視となる。	
寛正7 文正元	1466	2.12　関東管領上杉房顕、五十子陣中で没す。同じ陣中にあった越後守護上杉房定は、幕府の要請で子息の龍若丸（後の顕定）を房顕の養子として後継者に定める。閏2.4　埼西北根原の合戦。		新田岩松家純、長尾景信とともに上杉顕定の関東管領就任を支持。
文正2 応仁元	1467		1月　管領、細川勝元から斯波義廉に。 **応仁・文明の乱が起こる。** 5.20　細川勝元（東軍）と山名持豊（宗全）・畠山義就・管領斯波義廉（西軍）のそれぞれが味方を結集。5.26　細川勝元らの東軍、西軍の一色義直邸を攻め、これが乱の発端となる。6月　将軍足利義政、軍旗を勝元に与え西軍の討伐を命じ、京都と近郊を舞台に合戦が翌年前半までおこなわれ、その後、戦乱は地方に波及。	
応仁2	1468	10.4　上野の毛呂島・綱取原で合戦、幕府軍が勝利。この年　足利成氏、新田岩松氏（京兆家）や那須資実にあてて、幕府方から和平提案のあったことを伝える。	4月・10月　斯波義廉・畠山義就・山名宗全らの提起で、幕府と古河公方の和睦提案がなされる（不成立）。 7月　管領、斯波義廉から細川勝元に。	
応仁3 文明元	1469			2.25　新田岩松氏の新たな本拠地として金山

元　号	西暦	関　東	京　都　ほ　か	新田岩松氏ほか
康正3 長禄元	1457	太田道灌、江戸城を築く。渋川義鏡、関東探題として関東下向。	幕府、新たに将軍義政の庶兄、政知の関東派遣を決定。	
長禄2	1458	閏1.11　足利成氏、小山持政にたいし懇切な書状を送る。 5～8月　将軍足利義政の庶兄政知が関東に下向→堀越公方。 9.26　成氏、重ねて小山持政にたいし懇切な書状を送る。	管領斯波家の内紛→長禄合戦。 長禄・寛正の大飢饉（～1461）→西国は台風・豪雨、旱魃などで大飢饉となり、世上は混乱。	3.27　足利義政、御教書を新田岩松持国に下し、幕府軍に参陣するよう命ずる。5.15　持国、請文を提出し参陣を伝える→持国が幕府方に寝返った背景には、関東に戻り五十子陣に参陣していた家純（このころ長純から改名）の工作があったものと考えられる。また、横瀬国繁が家純の傘下に加わる。
長禄3	1459	武蔵五十子陣の形成。 10.14～15　幕府軍が武蔵太田荘・上野佐貫荘海老瀬・羽継原に侵攻し、激戦の末に多くの死傷者を出して敗れる。 11月　常陸信太荘での合戦もおこなわれ、小田持家・佐竹実定ら幕府方として戦う。		
長禄4 寛正元	1460	1月　今川範忠、鎌倉を撤退して駿河に帰国。3月　宇都宮等綱、陸奥白河で死去。	4.28　足利義政、堀越公方足利政知の箱根越え、関東への出陣を制止。10.21　足利義政、御内書を下野の芳賀成高・宇都宮明綱・那須資持・佐野成綱、常陸の佐竹義俊、上総の武田信長など古河公方方の武将に送り、厳しい調子で服属を命ずる。	
寛正2	1461		10.16　斯波義廉が家督を継ぐ。11.21　足利義政、岩松家純が同族の持国父子を敵方への内通露見を理由に誅殺したことを賞する。	家純、京兆家の持国父子を殺害。新田岩松氏を統一し、新田荘を支配下に収める。
寛正3	1462	渋川義鏡、関東探題を解任される→後任は上杉政憲。	3.29　足利義政、相模の三浦時高に御内書を下し、引退し五十子陣から撤退することをやめるよう説得する。	

元　号	西暦	関　東	京　都　ほ　か	新田岩松氏ほか
享徳4 康正元	1455	3.20　下総千葉氏の惣領家千葉胤直が、古河公方方である一族の千葉（馬加）康胤に攻められ、多古・島に遁れる。この月　成氏方の軍勢、上杉方の籠もる小栗城に向かう→4.5に外城を攻め落とす。4.4　小此木の合戦で古河公方方の岩松持国らが富塚の幕府方を破る。閏4.2　成氏は那須資持の小栗参陣を賞する。閏4.7　成氏方が小栗城を攻め、5月には攻め落とす。この月　成氏、結城に出馬。5.11　成氏弟の定尊（鶴岡八幡宮別当、雪下殿）が兼帯している寺院の足利鑁阿寺に赴く。5.30　成氏、小山に着陣。→6.2に足利、6.11に天命へ。7.9に小山帰還。6.5　三宮原の合戦。6.16　幕府の命で、駿河守護今川範忠の軍勢、鎌倉を制圧。この月　幕府方の越後守護上杉房定・関東管領上杉房顕・長尾景仲ら天命、只木山に張陣。千葉胤直・宇都宮等綱ら幕府方として蜂起。8.15　千葉（馬加）康胤、多古・島城両城を攻め、嫡流家千葉胤直を攻め滅ぼす。10.15　成氏方の小山持政、宇都宮等綱と木村原で合戦。12.3～6　埼西郡の合戦。12.11　只木山が陥落し、成氏古河に帰還。	3.28　朝廷、将軍足利義政の要請により、成氏追討の錦旗を下賜→幕府の上杉氏援助、古河公方討滅の方針が鮮明に。	3.28以降　新田岩松家純らの幕府軍、錦旗将軍旗を奉じて関東に下る。4.4　新田岩松持国、足利成氏の命で東上野の那波・小此木氏ら上州一揆の在所を撃砕。
康正2	1456	1.19　成氏方の軍勢、市川城を攻め落とし、千葉実胤は逃亡する。2.26　上野深津・赤堀・大胡・山上で合戦。3.3　茂木で合戦。この月　宇都宮等綱、成氏に降参。7.25　上野国で合戦。8月　定尊、上野・武蔵方面に下向。9.17　武蔵国岡部原の合戦。11月　千葉康胤、上総八幡で討死。		

元 号	西暦	関 東	京 都 ほ か	新田岩松氏ほか
文安4	1447	7.4 上杉憲忠が関東管領に任じられる。8.27 幕府の命によって故足利持氏の子息万寿王丸を鎌倉に迎える。この年 上杉憲実、伊豆に隠遁。	幕府内に鎌倉府再興の議が起こる。	
文安6 宝徳元	1449	1月 越後守護上杉房定などの推薦で、足利万寿王丸の鎌倉公方就任が決定。7月 足利万寿王丸、鎌倉西御門邸に入り元服。将軍義成の偏諱を受けて成氏と名乗り、鎌倉公方となる→**鎌倉府の復興**。	4月 足利義成、元服し8代将軍となる。	
宝徳2	1450	4.20～21 上杉方の長尾景仲・上杉顕房らが成氏の西御門邸を襲おうとする。成氏は江の島に逃れ、相模の七沢(神奈川県厚木市)に籠もる上杉方と対抗する(江の島合戦)が、まもなく和議によって鎌倉帰還。		
享徳元	1452		9月 斯波義敏、家督を継ぐ。11月 畠山持国、管領職を細川勝元に譲る。	
享徳2	1453		6.13 将軍義成、義政と改名。	
享徳3	1454	11.23 関東に地震。12.10 ふたたび関東に地震。12.27 足利成氏、管領上杉憲忠を西御門邸に招いて誅殺。次いで山内上杉邸を襲い合戦となる→**享徳の乱の発生**。		12.29 新田岩松持国、上杉憲忠邸襲撃の功を足利成氏に賞される。
享徳4 康正元	1455	1.6 島河原の合戦。1.21～22 高幡・分倍河原の合戦、上杉顕房・同憲顕ら討死。2.28 上野の赤堀時綱、成氏の村岡陣に参陣。3.3 **成氏が下総古河に移り、同地を本拠とする(以下、古河公方)**。3.14 上州一揆の多くのメンバーは古河から離脱して上杉方に属するが、赤堀時綱は留まる。		

元　号	西暦	関　東	京　都　ほ　か	新田岩松氏ほか
永享3	1431	足利万寿王丸（のちの成氏）生まれる。		
永享6	1434	3.18　足利持氏が鶴岡八幡宮に血書願文を捧げ、怨敵を退けて関東支配をまっとうしたいと祈願。		
永享8	1436		1.2　足利義政（初名は義成）生まれる。	
永享9	1437	持氏、信濃出陣を企図するも、上杉憲実に諫止される。		
永享10	1438	6月　持氏の長男賢王丸が元服。将軍家の偏諱を用いず義久と名乗る。8.16　持氏が管領上杉憲実を討伐する構えをみせる→憲実は上野平井城に退去。持氏は追撃のためみずから武蔵まで出陣→**永享の乱の発生**。9.27　幕府軍が鎌倉方の軍勢を破って足柄山を越える。10月　鎌倉の留守を預かる三浦時高が叛く→**鎌倉府の滅亡**。	8月　幕府、持氏追討を決定。朝廷に治罰綸旨を要請。憲実救援のため駿河の今川範忠、甲斐の武田信重、信濃の小笠原政康に出陣を命ず。	
永享11	1439	2.10　足利持氏、鎌倉永安寺で自害→子の義久は鎌倉報国寺で自害。11月　上杉憲実、家督を弟の清方に譲り、翌年出家。		このころ、新田岩松次郎は還俗して元服、長純と名乗る（のちに家純、以下家純）。
永享12	1440	3月　結城氏朝が下総結城城に足利持氏の遺子春王丸・安王丸を奉じて挙兵（**結城合戦**）。4.19　上杉清方、結城氏朝討伐のため鎌倉を発す。7.29　討伐軍、結城城を包囲。		新田岩松家純、結城合戦に参陣する。
嘉吉元	1441	4.16　結城城陥落→結城氏朝は自害。安王丸・春王丸は捕らえられ、護送中に美濃国垂井で斬られる。	6.24　将軍義教、関東勝利の宴席上で赤松満祐に暗殺される（**嘉吉の乱**）。	
嘉吉2	1442		義教の子、千也茶丸が将軍職を継ぎ、7代将軍義勝となる。	
嘉吉3	1443		7.21　将軍義勝が10歳で没す→弟の三春丸が家督を継ぐ。	
文安2	1445	上杉清方没す。		
文安3	1446	上杉憲実の子憲忠、長尾景仲らに擁立されて山内上杉氏当主となる。	足利三春丸、義成と名乗る。	

■関連年表

元号	西暦	関東	京都ほか	新田岩松氏ほか
応永16	1409	7.29　足利持氏、鎌倉公方となる。		
応永18	1411	2.9　犬懸上杉氏の氏憲(禅秀)、関東管領となる。		
応永22	1415	5.2　上杉禅秀、関東管領を辞す→後任は山内上杉氏の憲基。		
応永23	1416	10.2　上杉禅秀が反乱を起こす **(上杉禅秀の乱)**。		新田岩松満純、上杉禅秀に与す。
応永24	1417	1.10　上杉禅秀が鎌倉雪の下で自害。		新田岩松満純が斬られる→弟の満長が家督相続、さらにその甥の持国が継ぐ（京兆家)。満純の子、次郎は世良田の長楽寺から甲斐・美濃へと遁れる。
応永25	1418	1.4　上杉憲基が没す。		
応永26	1419	上杉憲実が関東管領となる。		
応永29	1422	7.5　足利持氏が京都扶持衆（鎌倉公方の支配下にありながら京都の将軍と直接の主従関係を結んでいた武士）の佐竹（山入）与義を討伐、自害させる。	佐竹与義の討伐をめぐって鎌倉との関係が悪化する。	
応永30	1423	11.28　足利持氏、使者を派遣して義持にたいして叛意がないことを陳弁。	3.18　4代将軍足利義持が将軍職を息子義量に譲る→実質的権力は義持が維持。8.11　義持、持氏討伐のための軍勢を発向させる。	
応永32	1425		2.27　5代将軍義量没す→政務は父義持が引きつづき執る。	
応永33	1426			新田岩松次郎が仏門に。
応永35 正長元	1428	5月　将軍職への野心を抱いた足利持氏が京都に進撃しようとして、上杉憲実に諫止される。	1.17　籤引きで青蓮院義円が将軍後継者に決定。　1.18　将軍義持死去。3.12　義円が還俗。義宣と名乗る。	
正長2	1429		3.15　足利義宣が義教と改名し6代将軍となる。	

峰岸純夫（みねぎし・すみお）

一九三二年、群馬県生まれ。慶應義塾大学大学院文学研究科史学専攻修士課程修了。横浜市立港高等学校教諭、慶應義塾志木高等学校教諭を経て、宇都宮大学教育学部専任講師、同助教授、東京都立大学人文学部助教授、同教授、中央大学文学部教授を歴任。文学博士。専攻は日本中世史。著書に『中世の東国』『中世社会の一揆と宗教』（ともに東京大学出版会）、『中世災害・戦乱の社会史』『新田義貞』『中世東国の荘園公領と宗教』『足利尊氏と直義』（いずれも吉川弘文館）、『中世の合戦と城郭』（高志書院）、『中世荘園公領制と流通』（岩田書院）、『日本中世の社会構成・階級と身分』（校倉書房）など。共編著多数。

享《きょう》徳《とく》の乱《らん》
中世東国《ちゅうせいとうごく》の「三十年戦争《さんじゅうねんせんそう》」

二〇一七年一〇月一〇日第一刷発行

著者 峰《みね》岸《ぎし》純《すみ》夫《お》

発行者 鈴木 哲

発行所 株式会社 講談社
東京都文京区音羽二丁目一二—二一 〒一一二—八〇〇一
電話 (編集)〇三—三九四五—四九六三
(販売)〇三—五三九五—四四一五
(業務)〇三—五三九五—三六一五

装幀者 奥定泰之

本文印刷 慶昌堂印刷 株式会社

カバー・表紙印刷 半七写真印刷工業 株式会社

製本所 大口製本印刷 株式会社

ISBN978-4-06-258664-1 Printed in Japan
N.D.C.210.46 222p 19cm

講談社選書メチエ　刊行の辞

書物からまったく離れて生きるのはむずかしいことです。百年ばかり昔、アンドレ・ジッドは自分にむかって「すべての書物を捨てるべし」と命じながら、パリからアフリカへ旅立ちました。旅の荷は軽くなかったようです。ひそかに書物をたずさえていたからでした。ジッドのように意地を張らず、書物とともに世界を旅して、いらなくなったら捨てていけばいいのではないでしょうか。

現代は、星の数ほどにも本の書き手が見あたります。読み手と書き手がこれほど近づきあっている時代はありません。きのうの読者が、一夜あければ著者となって、あらたな読者にめぐりあう。その読者のなかから、またあらたな著者が生まれるのです。この循環の過程で読書の質も変わっていきます。人は書き手になることで熟練の読み手になるものです。

選書メチエはこのような時代にふさわしい書物の刊行をめざしています。

フランス語でメチエは、経験によって身につく技術のことをいいます。道具を駆使しておこなう仕事のことでもあります。また、生活と直接に結びついた専門的な技能を指すこともあります。

いま地球の環境はますます複雑な変化を見せ、予測困難な状況が刻々あらわれています。

そのなかで、読者それぞれの「メチエ」を活かす一助として、本選書が役立つことを願っています。

一九九四年二月　　野間佐和子